Pour la
délibération
et les liens
des gens

人をつなぐ対話の技術

山口裕之

日本実業出版社

はじめに

現在の日本において、多くの人が身につけていなければならないのに身につけていないものは、「対話の技術」である。

対話とは、単なるおしゃべりではなく、立場や意見を異にする人と話しあい、互いに納得できる合意点を見つけることである。そう言うと大変なことのようだが、われわれの生活は、週末の予定を決めることから、会社の企画会議、さらには国会での審議まで、ほとんど対話でできていると言っても過言ではない。人間は、他人とともに生きており、他人と合意して、共同で何かをすることが、人間の生活のほとんどを占めているからである。

そして、上手に対話ができる人は、自分と異なる意見を理解し、相手にも自分の意見を理解してもらうことで、みずから成長していくことができる。対話を通して一人で考えていては思いつかなかったような見方ができるようになり、感情に振り回されて失敗することも少なくなる。感情は、事態の一面に対する反射的な反応なので、ものごとを多面的に見られれば、激しい感情は感じようがないからである。そういう人と対話すれば、相手もまた同じように成長していくことができる。対話は、自分と相手を成長させ、人と人とをつなぎ、ひいては民主的な社会全体を支えるのである。

しかし、普通、対話は立場や意見の違いが表面化したときに始まるから、相互の理解や合意形成よりは、感情のもつれや罵りあいになってしまうことも多い。そうならないためには、ちょっとした注意点やコツがあり、それを知り、練習を重ねることで、対話の技術を向上させることができる。ここで「技術」と言っているのは、対話の能力は、才能やセンスに依存するのではなく、練習すればたいていの人に習得可能なものだからである。そこで、この本では、人間の感情や思考が持つ傾向について分析し、対話の技術を向上できるように、そうした注意点やコツを考えていきたい。

とはいえ、言うは易く行うは難しである。現在の日本社会を見ると、人と人は対話せず、むしろ断絶が広がっているように思われる。インターネット上では、「ネトウヨ」と言われるような人たちが、気に入らない人やものごとに対して罵詈雑言を投げつけている。国民の代表が集まる国会でも、冷静な討議よりは「感情的な罵りあい」に近いような場面がしばしば見受けられる。そうした風潮の中では、単に注意点やコツを聞いただけでは、「そんなのは非現実的だ」と言って、シャットアウトしてしまう人がほとんどではないかと思う。

そこで、この本では、最近の日本の風潮を概観し、その原因を検討し、多数決と対比した対話のメリットを論じ、民主主義と対話の関係や、さらには「道徳や倫理の根本は何か」といったところにまで踏みこんで考えていきたい。

なお、対話は、憶測や思いつきではなく、客観的な根拠にもとづいて進めなくてはならない。私自身がそれを実践するために、本書での議論を進めるうえで、可能なかぎり一次文献や一次資料を参照している。そのために巻末の注釈が多いが、できればそちらもご覧いただければと思う。

私の書くことに、イライラっとする方もおられるかもしれない。そういう方にこそ、最後まで私との対話に付きあっていただければ、幸いである。

２０１６年２月

山口　裕之

人をつなぐ　対話の技術◉目次

第2章 対話が民主主義を作る

第3章

「正しさは人それぞれ」、なんてことはない

第4章

対話が「正しさ」を作る

装丁●志岐デザイン事務所（萩原　睦）　ＤＴＰ●一企画

第1章

対話ができない人たち

1 インターネット上の感情的な罵りあい

ネットによる意見発信の大衆化

近年、掲示板やブログ、ツイッターやフェイスブックといったインターネットを利用した技術によって、パソコンや携帯電話があれば、誰でも自分の意見を広く発信できるようになっている。ほんの十数年前までは、自分の意見を広く社会に発信できるのは、新聞やテレビなどのマスコミや、著作を出版できる学者にほぼ限られていたことを考えると、「情報の民主化」という観点から、喜ばしいことである。インターネットでの議論には誰でも参加できるので、社会問題から身近な問題まで、さまざまなトピックについての議論がネット上で盛り上がっている。

他方で、自分と異なる意見や気に入らないものごとに対して罵詈雑言を投げつけたり、とくに根拠のない「思いこみ」や「思いつき」を自分のウェブサイトや掲示板に書きつらねたりする人もたくさんいる。

「問題発言」をした人物のブログや掲示板に批判的な書きこみが殺到するのは、ネット用語で「炎上」と言うが、単にネット上で抗議行動を展開するだけでなく、そうした人物や不祥事を起こした企業、いじめ自殺への対応の不備を指摘された教育委員会などに対して、電話やメールで抗議する「電凸《でんとつ》」という現象も、ネットによる情報発信の大衆化と関連してよく話題になる。事件の渦中にある人やその関係者のところに、新聞やテレビの記者が殺到する「メディアスクラム」は、昔から問題視されていたが、情報発信が大衆化した昨今では、メディアスクラムも大衆化したということである。ウィキペディアによると、「電話突撃取材」の省略と当て字で作られた言葉だそうだ。

こうした場合、抗議や批判が冷静かつ論理的に行われているのであれば、基本的に悪いことではないと思う。批判された側は冷静かつ論理的に反論すればよい。反論できないのであれば反省すればよい。ただし、従来のメディアスクラムと比較して「電凸」の問題点は、尻馬に乗って暴言を吐く者が相当数混じっていること、さらには脅迫状を書いたりする者も散見されることである。

実際問題として、「電凸」の集中を受けた組織で、業務が停滞する事態がしばしば報道されている。「電凸」を恐れるあまりなのか、そのターゲットになりそうな、安保法案に反対する集会や原発再稼働に反対する集会、さらには教職員組合の教育研究集会に、自治体や大学が会場を貸さない、といった事態も報道されている。[1]

もちろん、多数の匿名の人物が電話やメールなどをしてきて、しかもその中に暴言がかなり混じっているような場合には、対応が困難だということは承知しつつ、あえて原則論を述べれば、抗議に理がない場合には、正々堂々と反論することが必要だろう。

「上から目線の決めつけ」が、ネトウヨとアンチネトウヨの共通点

また近年、ネット上で、気に入らないものごとに罵詈雑言を投げつける人たちとして、「ネトウヨ」が話題になっている。これは、「ネット右翼」の略という以外、明確な定義はないが、生活保護受給者を「なまぽ」などと蔑称して誹謗中傷したり、在日コリアンに対して罵詈雑言を投げつけたり、中国や韓国を口汚く罵ったりする人たちを総称して、そのように呼ぶようである。

もちろん、こうしたふるまいは「対話の技術」以前の問題だが、そうした人たちに対して批判的な論者の多くが、これまた彼らを侮蔑するような態度を取っている。そもそも「ネトウヨ」という言葉が侮蔑的である。「ネット右翼」の略であると同時に、「ネトネトしたものがネットの闇にウヨウヨいる」といった気持ちの悪いイメージをかもし出している。

「ネトウヨ」たちは、いわゆる「上から目線」で、つまり自分を強者ないし権威者的な立場に置いて、必ずしも事実にもとづかない理由を挙げて相手を攻撃するのだが、ネトウヨ批判側もまた「上から目線の決めつけ」を行っているように思われる。ネトウヨ批判の一つの典型は「格差社会の負け組が、自分よりさらに弱い者を叩いている」というものだが、こうした解釈は、「ネトウヨ的発言をする連中は貧乏で頭が悪い」といった「上から目線」の思いこみに由来しているのではないだろうか。[2]

ネット上に散在する「ネトウヨ的」な書きこみを読んでみて気づくことは、「マスコミはウソをつく」という主張にしばしば出くわすことである。つまり、彼らを動かしている一つの動機として、既存の権威への批判ないし反発があるようなのだ。そして「本当のことはネットに書いてある」と言って、みずからの立場を権威化する。これが、彼らの「上から目線」の書きこみにつながっているように思われる。そうした人たちを「上から目線」で、しかも既存のマスコミをつうじて非難すれば、さらなる反発を買いこそすれ、建設的な対話にならないことは確実である。

私が見るに、生活保護受給者や韓国・中国への非難など「ネトウヨ的」な書きこみに通底しているのは、彼らなりの「不正に対する怒り」や彼らなりの「正義感」である。

もちろん、正義感に動機づけられていれば何をしてもよい、ということにはならない。相手がどんなに不正に思えようと、相手の事情を一切考慮せずに、一方的に罵詈雑言を投げつけるのは、それ自体が不正である。ましてや、一部の生活保護不正受給者への怒りを受給者一般に向けたり、日本の市民を拉致したりミサイル発射実験をくり返す北朝鮮政府への怒りを、韓国や在日コリアン個人に向けてぶちまけたりするのでは、怒りの原因とそれを差し向ける対象がずれている。

とはいえ、そのもともとの動機は、おそらく多くの人にも共有されるであろう「不正に対する怒り」や「正義感」ではあるのだ。そこを見ずに、「貧乏で頭が悪い連中」、「対話しても無駄な頭のおかしい連中」として侮蔑していたら、相手は「自分たち自身が侮蔑されたことへの怒り」を動機として、さらに言動を過激化させるに違いない。

要するに、自分にとって気分の悪い主張を批判するときに、相手と同じことをくり返してはならないということである。相手がどんなに不正に思えるとしても、それは自分がそう思っているだけのことであって、客観的に「不正」だとは限らない。相手には相手なりの「正義感」がある場合も多いのである。お互いが自分の正義感を振りかざして、相手に対して侮蔑的なレッテルを貼りつけたり、根拠のない思いこみにもとづいて批判したりしていたら、ケンカにしかならない。相手の主張の内容を一つ一つ検証して、正すべき点とその理由を明確に示し、相手からの反論にも耳を傾けることが、建設的な対話につながるだろう。

レッテルを貼りつけあっても腹が立つだけ

ここまで「ネトウヨ的」書きこみについて書いてきたが、立ち止まって考えてみれば、そもそも「ネトウヨ」という集団が実在するのかどうか、はっきりしないように思う。

ネトウヨ批判をする人たちの議論では、「生活保護バッシング」、「韓国や中国に対する嫌悪」、「安保法案に賛成」、「靖国神社への首相の参拝に賛成」といった主張が、ひとまとめに「ネトウヨ的」と見なされているようなので、この本を書くために「生活保護」、「在日」、「安保法案」などの言葉を検索して、さまざまな「ネトウヨ的書きこみ」を読んでみた。しかし、当然のことながら自分のことを「ネトウヨ」と言っている人はいないし、それぞれのトピックは基本的に別々の場所に書かれているので、これらの主張すべてを同一人物ないし同一の集団が支持しているかどうか、はっきりしなかった。

「在日は生活保護者が多い」とか「中国の脅威に対抗するために安保法制が必要」というような書きこみは散見されるので、これらの主張を連鎖させている人もいるようではあるが、理屈から言えば、たとえば、韓国や中国を嫌う排外主義的な人が、同じ日本人として生活保護受給者に対して同情的であっても、おかしくはないだろう。

私は社会学者ではなく、仮説を検証する手段を持っていないので推定だが、「ネトウヨ」とは、実在する集団であるよりは、むしろ、リベラル派から見て気に入らない主張をひとまとめにして作られた恣意的なカテゴリーだという可能性がある。要するに、気に入らない主張をしている人に対して投げつける単なる罵倒のための言葉ではないかということだ。

意味的にも用法的にもよく似た古典的な言葉に、「ナチス」がある。リベラルを自認する人が、全体主義的・軍国主義的と思われるような主張をする人に対して、「お前はナチスか！」と罵倒する。もちろん、ナチス（国家社会主義ドイツ労働者党）は第二次大戦で消滅したので、相手が本物のナチス党員のわけはない。言われた相手は「自分の考えを押しつけようとするお前のほうこそナチスだ！」と言い返す。これでは「お前はアホか！」「アホはお前だ！」と言いあっているのと同様で、具体的な中身がない。お互いに腹が立つだけである。

困難だからこそ対話を

先ほど、「ケンカをせずに建設的な対話を」と書いたことに対して、「お花畑ちゃん（現実を知らず楽観的）」というレッテルを貼って笑う人がいるかもしれない。もちろん、意見を異にする人や立場を異にする人と、建設的に対話することが困難だということは、私も承知している。極端な話、自分を殺しに来た相手に向かって、逃げも反撃もせず「話せば分かる」と言うのは、かっこいいとは思うが、私自身にマネできるとは思えない。[3] 現実的に言って、反撃しなければならないギリギリの場面はあるし、話を聞かない相手と、何とかして対話できる状況を作ることが先決である場合も多い。

しかし、必ずしもケンカを売りに来たのではない相手に対して、必ずケンカになると分かっていることをあえてするのは、避けたほうが賢明ではないか。また、たとえケンカを売られたとしても、なるべく買わずに対応するほうが賢明ではないか。

人は、相手から怒りや軽蔑を向けられると、自分もまた相手に対して怒りや軽蔑を感じてしまうので、双方の怒りと軽蔑は循環的に強化される。そして、やがて双方の怒りと軽蔑は憎しみに変わる。人と人との間に断絶が広がっていく。不幸なことである。しかし、人は、相手から友愛や信頼を寄せられると、自分もまた相手に対して友愛や信頼を抱くものでもある。もちろん、信頼は壊れやすく憎しみは消しにくいし、現実的に言ってすべての人と分かりあうことなど不可能ではあるが、それでも、あるいはだからこそ、分かりあえる人を増やしていくことには意味があるだろう。そもそも、困難だからといって、やらなくてよいということにはならない。むしろ、困難なことだからこそ、チャレンジする価値があるのだ。

やや「上から目線」な口ぶりになってしまったが、私の言いたいことは、要するに、「対話の技術を身につけましょう」ということである。「ネット時代」以前には、一般の人たちが社会保障や対外関係、国防などについて、日常会話の中で話題にすることはあまり多くなかったように思う。国の政策におけるそうした重要事項について、一般の人たちが関心を持ち、ネットを使って意見を表明できるようになったのは、喜ばしいことである。ただ、現在のわれわれに欠けていること、これから身につけねばならないことは、こうした意見の分かれる政策に関して、反対の立場の人たちと冷静に対話し、妥当な合意点を見つけていくための対話の技術だということである。

2 異論を封じる政治

上から目線で対話を拒む政治

実際問題として、ネット上でネトウヨがいくら叫んでも、それだけなら社会的な影響は大きくない。ブログやツイッターへ差別的な書きこみをされた方々の精神的ダメージは大きいので、放置してよいとは思わないが、ここで言う「社会的影響」とは、彼らの主張が社会政策として実行に移されたりすることである。[4]

実社会の中で、ネトウヨ的主張に出くわすことはそれほど多くない。もちろん、在日コリアンに対して、街頭でヘイトスピーチをくり返す集団がよく報道されているし、大学での授業中に「学生の意見」を書かせると、百人の教室に一人ぐらいは「これってネトウヨ?」と思われるようなことを書く学生もいるのだが、そういう人たちは人口比で言えばかなり少数だと思われる。ネット上で暴言を吐く人たちの大部分は、匿名であることと、ネット上の仲間の目があることから罵詈雑言を過激化させるが、そこで毒を吐いてガス抜きをして、実社会ではそこそこ周りに配慮しながら穏健に暮らしているのではないかとも思う。

にもかかわらず、昨今、ネトウヨが論壇で話題になるのは、「ネトウヨ的主張」が安倍晋三政権やその周辺の人たちの主張と近いことが懸念されているからである。「生活保護切り下げ」、「韓国や中国との関係悪化」、「安保法案の強行採決」、「靖国神社に参拝」など、安倍政権の行ったことは、ある意味、ネトウヨ的主張を実現するものだった。ひょっとすると、「ネトウヨ」とは、ネット上でこうした安倍政権の政策を支持する人たちを、反安倍派の人たちがひとまとめにして付けた名前なのかもしれない。

ここで、これらの政策そのものの是非を論じることはしない。これらは、それぞれ、その分野の専門家が何冊も本を書いて検討するだけの内容がある。ここで問題にしたいのは、安倍政権とその周辺の人々の「上から目線で対話を拒む態度」である。そして、一般市民であるネトウヨ諸氏ではなく、政治家がそうした態度を取れば、客観的根拠のない感情的な思いこみが、十分な検討もされないまま政策として実行されてしまうことになりかねず、その結果には日本中の人たちが巻きこまれてしまう。

これまでに安倍政権下で、いわゆる「特定秘密保護法」や「安保法案」について、国会で批判する野党との議論がかみ合わないまま、最終的に強行採決が行われたことは周知のとおりである。とくに安保法案については、参考人として憲法審査会に呼ばれた三人の憲法学者が、自民党推薦の者も含めて三人とも「違憲」と述べたにもかかわらず、ほとんど修正もないまま強行採決されたのであった。

自民党側は、「違憲だ」という批判に対して、合理的な理由を述べて「合憲だ」と反論するのではなく、「違憲かどうかを判断するのは学者ではなく最高裁だ」[6]、「国民と国を守る責任は憲法学者でなく政治家にある」[7]など、憲法学者に発言権がないという趣旨の発言をくり返した。さらには、「憲法学者は憲法の字面に拘泥している」、「憲法学者は憲法の条文のほうが国民の生命と安全よりも大切な連中だ」などと、憲法学者を誹謗中傷するような発言も飛び出したという。[8]しかも、その後、憲法審査会の開催を取りやめてしまった。

自民党側は、安保法案が「合憲」であることの理由も述べるには述べたが、彼らが根拠としたのはいわゆる「砂川事件最高裁判決」（一九五九年）であった。これは在日米軍の違憲性を問われた裁判の判決だが、「最高裁の判断」であるどころか、在日米軍の存続を図るためにアメリカ政府と日本政府が最高裁長官に圧力をかけて出させたものであることが、アメリカの公文書公開によって明らかになっている。[9]内容としても、今回の安保法案で違憲性が問題になった集団的自衛権とかかわりがない。しかも極めつきは、これまで政府が、この判決を根拠として「個別的自衛権は合憲だが、集団的自衛権は違憲」と解釈していたことだ。[10]

なお、「違憲かどうかを判断するのは学者ではなく最高裁だ」というのは、憲法の規定からみて正論のように思われるかもしれないが、日本の最高裁判所が法律を違憲とした判決は、一九四七年の発足から二〇一五年現在までの約七〇年間に、わずか十件しかない。[11] 同期間にドイツの連邦最高裁が六〇〇件以上、アメリカの連邦最高裁が九〇〇件以上の違憲判決を出しているのと比較して、「世界でもっとも保守的な最高裁判所」と言われる。[12]

しかも、先の「砂川事件判決」において最高裁は、「日米安保条約は高度の政治性を持つので、国会の判断に従うべきで、裁判所の判断にはなじまない」（いわゆる「統治行為論」）といって、憲法判断を行わないと宣言してしまった。[13] 政府は、最高裁が違憲判決を出すことなどないと、高をくくっていられるわけである。

法案の違憲性をめぐる国会での論戦は続いたが、結局、自民党側は安保法案が合憲であるということの説得的な説明をしないまま、強行採決に至ったのだった。

これまでの強行採決と安倍政権の新しさ

もちろん、かみ合わない論戦や強行採決は、安倍政権の専売特許というわけではない。古くは一九六〇年と七〇年の日米安全保障条約（それぞれ岸信介内閣・佐藤栄作内閣）、近年では通信傍受法（小渕恵三内閣：一九九九年）、イラク特別措置法（小泉純一郎内閣：二〇〇三年）などが、有名な強行採決の事例である。

イラク特別措置法とは、イラク戦争後の「非戦闘地域」に自衛隊を派遣して人道復興支援活動を行わせるものだった。当時、アメリカ軍とイラク軍の戦闘は終結したとはいえ、武装勢力による占領軍への攻撃が続いていたため、イラクに自衛隊を送ることに対して強い批判があった。そして、自衛隊を派遣すべき「非戦闘地域」の定義について質問された当時の小泉首相は、「自衛隊が活動する地域が非戦闘地域だ」と答えたのだった。[14]

昔から、国会での議論は、官僚の用意した答弁を読みあげるだけ、あるいは官僚自身が答弁に立つ、といったものがほとんどで、大変残念なことに、国会でまともな論戦が行われることのほうがまれというのが実態であった。一九九九年に、「官僚主導から政治家主導へ」をうたい文句に国会審議活性化法が成立し、官僚自身による答弁は減ったが、その結果、この小泉答弁のような論理学的に無内容な答弁が行われることにもなった。

この本の冒頭で、「現在の日本において、多くの人が対話の技術を身につけていない」と書いたが、むしろ「これまでずっと身につけていなかった」と言うほうが正確かもしれない。

とはいえ、昨今の政権とその周辺の人たちの「新しさ」は、「上から目線の対話の拒否」にある。憲法学者に対して「憲法について判断する資格がない」と言い放つほどの「上から目線」には、私は率直に言って驚愕した。しかも、彼らは、憲法審査会という議論の場を閉じてしまったのだ。みずからに対話の技術が備わっていないことへの反省どころか、そんなものは必要ないと言わんばかりの態度である。

もちろん、「学問的権威」に対して批判的な視点を持つことは重要である。森本あんりによると、アメリカでは、そうした「反権威主義」としての「反知性主義」が、大きな力を持っているという[15]。既存の権威を疑うことで、新しい「ものの見方」が創造される。アメリカにおける「反知性主義」とは、いわば庶民の反骨精神である。それがアメリカの力の源になっている。しかも、彼らの「反知性主義」の背景には、「万人が神によって創造されたのだから、権力者も学者も庶民も平等だ」という、キリスト教の信仰がある。そこには、神の前の人間の小ささを自覚するという、謙虚さがある。それに対して、昨今の日本の政権とその周辺の人たちの「反知性主義」は、夜郎自大としか言いようがない権力者の傲慢である。

安保法案をめぐる成りゆきは大きく報道されたので、ほとんどの方はご存じだろう。「上から目線の対話拒否」が、単に安倍首相やその周辺の人たちの個人的な資質であるだけなら、政権が変われば政府の態度も変わる。しかし、多くの人はあまりご存じでないかもしれないが、安倍政権下で、「上から目線の対話拒否」を恒久化するための制度変更が着々と進められている。制度が変更されれば、政権が変わっても存続していく。

その具体的な例の一つに、「国立大学改革」がある。安倍政権のもとで、「教育改革」が性急に進められている。その進め方や内容に、昨今の政権の考え方や姿勢が、はっきり表れているように思われる。そこで、次に、日本の大学において着々と進められている「異論を封じる体制づくり」の実態を概観することにしたい。

3 大学における異論を封じる体制づくり

予算による「改革」への誘導

国立大学改革に関しては、たとえば新聞などで、「文科省が人文社会系学部を廃止の方針」といった報道を目にされた方は多いだろう。二〇一五年六月八日に文部科学大臣名で各国立大学に出された通知の中に、「教員養成系学部と人文社会系学部は組織の廃止や社会的要請の高い分野へ転換」と書かれていたのである。[16]

これに対して、新聞各社[17]や日本学術会議、[18]さらには経団連[19]までが、「人文社会系軽視だ」、「すぐに役に立つ分野優先だ」と批判の論陣を張ったので、大きな話題になった。文科省は、「廃止の対象はいわゆる『ゼロ免課程』（教育学部なのに教員免許を出さない課程）だけだ」などと「火消し」に追われたが、通知自体は見直さず、[20]二〇一五年一〇月二六日付の報道によると、人文社会系の組織見直しを検討している国立大学は全国で三三校にのぼるという[21]（ちなみに国立大学の総数は八六校）。

政府から各大学へ改革を求める通知は、形式上は単なる「要請」である。二〇〇四年、「各大学がそれぞれ自主的・自律的に研究教育の発展に取り組むことで大学間の競争が行われ、国立大学が改善される」という名目で、[22]国立大学は政府から独立した「独立行政法人」とされたからである。しかしながら、国立大学の運営に必要な経費は、基本的に国からの交付金でまかなわれている。そして、政府からの要請に合致するような改革を計画しなかった場合には、新規の予算が付かないのである。これでは、「自主的・自律的な発展」など望むべくもない。たとえば、文科省から人文社会系の組織改編が「要請」されたら、人文社会系の学部を持つほとんどの大学は、対応せざるをえないのである。

こうした予算による支配も、「上から目線の対話拒否」の手法ではあるが、従来から地方自治体への国庫負担金・補助金を使った政策誘導などで使われてきた、古典的なやり方である。しかし、昨今の大学改革が「新しい」のは、こうした回りくどいやり方ではなく、もっと直接的に、異論を封じる体制づくりが進められている点にある。重大な転換は、二〇一四年六月に行われた学校教育法改正により、それまで大学の運営を担ってきた教授会の権限が、大幅に限定されたことである。その結果、「学長独裁体制」が各大学に強要されることになった。政府が学長に事実上の指示を下し、学長が学内に指示する、というトップダウンの大学支配体制が作り上げられたのである。日本の省庁の政策の実現は、予算による誘導のほか、「指導」や「助言」といったインフォーマルな形で行われることが多いが、法律が改正されてしまえば、大学は問答無用で従わざるをえない。

かつて、大学は自治的であった

従来、日本国憲法第二三条が保障する「学問の自由」の主体は、各学問分野の専門家である教員であり、専門家集団としての教授会であると考えられてきた。[23] ある学問分野に関する研究業績を正当に評価できるのは、その分野の専門家だけであるから、教員の新規採用や昇任などの人事権も教授会に属するものと考えられてきた。[24] 各国立大学の学長は、「大学の支配者」ではなく、お互い対等な専門家集団の代表として、教員による選挙で選ばれるのが通常であった（かつては、学生にも学長選挙の投票権を与える大学さえ存在した）。

こうした大学の自治的体制は、旧教育基本法第一〇条のうたう、「教育は、不当な支配に服することなく、国民全体に対し直接に責任を負って行われるべきものである」という理念を実現するためにも重要であると考えられてきた。この規定で「直接に責任を負う」とされているのは、教育の専門家としての教員であり、たとえば時の政権の都合によって教育が左右されることも、「不当な支配」として禁止されると解釈されていたのである。[25]

言うまでもなく、こうした自治的な体制では、「社会的要請」に即応して、特定の学問分野に重点を置いて大学組織を改編することが難しい。たとえば、iPS細胞が話題になったからといって、生物学の教員や学生を倍増させて、そのかわり経済成長への効果が不明な人文社会系の学部を廃止しようとすると、人文社会系の学者は必ず抵抗するからである。

しかし、こうした抵抗性こそが、社会情勢の変動にとらわれずに、幅広い学問分野を深めていくために必要なのだとも言える。そして、幅広い研究と教育が行われていることが、結局のところ一国の文化や経済の底力につながっていく。幅広い学問研究の中からこそ、思いもかけないイノベーションの芽が育つからである。また、教育は「国家百年の計」であり、時の政権の思惑に左右されることなく、批判的精神を持った多様な学生を育てることは、長期的な社会の活性化や革新につながるからである。

学長トップダウン体制の強引な導入

ところが、一九九〇年代後半から、いわゆる「バブル崩壊」以後の日本経済の不調を背景に、それまで企業が担ってきた研究開発や新人教育を大学に担わせようという思惑もあって、財界を中心に「大学改革」が叫ばれ始めた[26]。先に述べた国立大学の独立行政法人化（独法化）は、そうした財界の意向を受けたものである。その際、大学改革を機動的に進めるために、学長を大学運営の主体とするトップダウン体制を作るべきだとされた。財界人は、大学も会社組織と同様のものだと理解（誤解）して、学長は、大学の経営者・支配者だと考えたのである。そうした体制づくりのためには、学長が選挙で選ばれていては不都合だとされ、「国立大学法人法」では、学長の選考は、選挙ではなく学外の有識者を交えた「学長選考会議」が行うこととなった。[27]

さらに、二〇〇六年には、「戦後教育批判」を掲げた第一次安倍政権のもと、教育基本法が改正され、先の第一〇条は、「教育は、不当な支配に服することなく、この法律及び他の法律の定めるところにより行われるべきものであり、教育行政は、国と地方公共団体との適切な役割分担及び相互の協力の下、公正かつ適正に行われなければならない」と書きかえられた。つまり、教育に対して責任を負うのは教員ではなく行政であり、言ってしまえば、時の政権にとって都合のよい「他の法律」を定めることで教育を支配することさえも許容されることになったということである。こうして現在、日本の大学を、というより教育全体を、政府の強力な統制下に置く法制度が整えられてしまったのである。[28]

こうした体制の背景にあるのは、現場の判断や自主性を信頼せず、トップダウンで全員に同じことをやらせようという発想である。「上から目線」で政策の実現を考えていると、ついついそういう考えに陥りがちだが、そのような対応をやられた側に立って考えてみれば明らかなように、政府が現場を信頼しなければ、現場は政府を信頼しなくなるし、自主的な判断の権限を奪われた人は、主体的な取り組みをしようという気をなくすものだ。やれと言われた最低限度のことをこなすだけの、無関心で無気力な雰囲気が蔓延することになる。

そういうこともあって、制度上の大改革から十年が過ぎても、国立大学は財界が思うようには変化しなかった。実際問題として、いくら学長に権限を集中しても、学長ひとりがすべての学問分野の動向や全学生のニーズを把握して適切な指示を出せるわけがないので、実際の大学の運営は、従来どおり教授会を主体として行わざるをえないという側面もある。

そもそも、大学側は独法化に反対であった。それどころか、当初は文部省（当時）さえ反対であった。[29]もともと独法化は、研究教育政策として立案されたのではなく、経済財政諮問会議において、行財政改革の一環として立案された政策である。「行政のムダの見直し」と言えば聞こえはよいが、要は予算削減が、トップダウン体制構築と並ぶ大きな目的だったのだ。そして実際、独法化から十年間で、国立大学への予算は一〇％以上も削減された。[30]

その間も、政府から大学への、有無を言わさぬ改革要求は相次ぐ。しかも、その改革の内容の多くは、研究教育の現場を知らない財界からの要求にもとづくものである。お金を減らされたうえに、自分たちの自主的な判断を信頼されず、「上から目線」で意に沿わぬ改革を強要されたら、誰だってそんなものに誠心誠意取り組もうとは思わないだろう。独法化から十年間の国立大学運営の実態は、「各大学が自主的・自律的に研究教育の発展に取り組む」どころか、政府による統制の強化と予算削減による疲弊化だったというのが、おおかたの大学教職員の実感だと思われる。

おそらくはその結果として、独法化後に、日本の学術論文生産数は大幅に減少してしまった。一九九〇年代後半、日本はアメリカをしのぐ世界一の論文生産数を誇っていたのに、二〇〇六年ごろを境に、世界の主要国の中で唯一、減少に転じ、その傾向が続いている。現在はイギリスやドイツにも追い越されて世界第四位に転落し、中国の猛追を受けている。[31]

ところが、財界は、そうした大学教員の立場や彼らが置かれている状況など意に介せず、単純に「改革が進まないのは教授会が抵抗勢力だからだ」と考え、教授会の権限を大幅に限定せよと主張するようになった。そうした主張を赤裸々に示す文書として、経済同友会が二〇一二年三月に出した「私立大学におけるガバナンス改革―高等教育の質の向上を目指して[32]」がある。同文書が「大学のガバナンスの現状と問題点」として列挙するのは、以下のような事柄である。

学長は教員による選挙で選ばれるため、教員の意に沿わない改革、例えば人事評価制度の導入や学部の改廃等は行い難い。

学部長は選挙で選ばれるため、教授会の意向を重視する傾向にあり、学部の利益代表になってしまう場合も散見される。

学長・学部長が実質的に教員による選挙で選ばれるため、学部教授会の権限がどうしても強くなる。このため、学長・学部長は教授会の意に沿わない改革は行い難い。

大学の場合、教育・研究に関する事項と経営に関する事項が重複していることが多いため、教授会による経営事項への関与が日常的に行われている。

さらに「教授会の抵抗の理由」というコラムにおいて、「教員自身の地位・身分等へ影響を及ぼす可能性のある学部・学科の改変、カリキュラムの変更、評価制度や年俸制の導入などが行われる場合、教授会が抵抗勢力となる場合がある」などと書いている。

一読して、民主主義の根幹である選挙というものを否定する主張をくり返していて驚かされるが、要するに教授会が抵抗するから「教員の意に沿わない改革」、具体的には「教員自身の地位・身分等へ影響を及ぼす可能性のある学部・学科の改変、カリキュラムの変更、評価制度や年俸制の導入など」が進まないと考えているのである。

そこで、経済同友会は、学長選挙を廃止し、学長の権限を強化することで、独裁的に改革を進めることができる体制を作ることを提言する。教授会に対しては、「本来的な役割を認識せよ」と提言するのだが、その「本来的役割」とは、「大学（学校）における教育・研究上の重要な事項に関して、学長、学部長が現場を担当する教授たちの意見を聴取する機会を提供することであり、また、理事会や学長、学部長会議等での決定事項を情報共有する場」なのだそうだ。なぜそれが本来的役割なのか。大学と企業では、組織の構造も存在目的も運営方法も異なるのに、彼らは、両者を無造作に同一視しているからである。実際、この文書では、教職員を「従業員」、学生・保護者を「顧客」として、「教授といえども、（中略）従業員としての側面も当然にあるので、校務、とりわけ組織運営においては、原則として学長や学部長の指揮命令系統下に置かれるべきである」と述べている。

教職員のことはともかく、学生を「顧客」と言いかえて平気な人たちが「教育改革」を主導していることには暗然とする。学生は学問の修行者であり、教員から見れば手塩にかけて鍛えるべき「弟子」である。学生との関係は、しばしば卒業後もずっと続く。お金をもらって商品（知識）を渡すだけの関係ではない。また、社会から見れば、学生は次世代の担い手である。そうした観点から、多くのヨーロッパ諸国では大学は無償である。そうした国々で、「学生は顧客だ」などと言ったら、仰天されるに違いない。

学校教育法改正による、教授会の権限の限定

しかしながら、二〇一四年、財界の主張を丸呑みする形で、学校教育法が改正された。学校教育法改正の際に、国会の参考人質疑に出席して、反対の論陣を張った池内了《さとる》によると、「国会の審議全般が一党支配のもとで甘くなっており、どうせ参考人質疑は儀式であるという雰囲気」が強く、法案はさしたる議論の深まりもないまま可決されてしまったという。[33]

その結果、教授会は「学生の入学、卒業及び課程の修了、学位の授与について学長に意見を述べるもの」とされたのである。[34] 教授会はこれらのことについて単に意見を述べるだけな

ので、最終的に学長が（理由も言わずに）それを覆すことが制度上可能になった。また、これら以外のことについて、現場の教員の考えを大学運営に反映させることには、制度上の根拠がなくなった。

要するに、「上」が決めたことに「下」が異論を唱える機会を与えず、ただ服従することを求める体制が、大学という理性的合議を旨とする場、次世代の民主主義の担い手となる学生を教育する場において作り上げられたのである。大学は、専門家同士の対等な関係にもとづく自治的組織から、上下関係にもとづき指揮命令によって動く民間企業をモデルとした組織に作り変えられたのだ。そして、それを定めた法律はというと、理性的合議を旨とする国会という場、現在の民主主義の担い手であるはずの場において、さしたる議論の深まりもないまま可決されたのである。

現在のわれわれに欠けているものは、対話の技術以前に、対話することそのものであると言ったほうが適切なようである。

階級社会化する日本

ここまで、大学改革などという、多くの人々にとって直接的な関心がないかもしれない話題について書きつらねてきた。それは、一つには、私が国立大学教員で、こうした「上から目線で対話を拒む改革」の最前線に立たされているからだが、もう一つには、大学改革は、対話拒否の態度が対話の場そのものを破壊することの、もっとも象徴的な現場だからでもある。

われわれはずっと「戦後民主主義」を善きものと教えられてきたが、どうも現在、この国の中枢では、そうした「戦後教育」を批判して民主主義をあからさまに否定する人たちが力を持っており、民主的な価値観にもとづく制度を片端から破壊して、上意下達の支配体制を確立しようとしているようなのである。加えて、その支配者を選ぶ権利を「下々の者」から奪い取りたいらしいのである。大学改革において、そうした動きがはっきりと見て取れる。

日本の企業の多くはいわゆる「同族経営」であり、経営者の多くは親族内での世襲によって就任する。日本を代表する巨大企業であるトヨタ自動車からしてそうである。大学の学長や学部長が選挙で選ばれることを悪しざまに言う財界人は、絶対王政を思わせる組織形態を大学に強要したが、彼らはトップの選任について、選挙より世襲のほうが合理的だと考えているのだろうか。近年は政治家の世襲化も進んでいる。安倍晋三首相はその代表である。というより、二世や三世でない政治家を探すほうが大変なぐらいだ。

第二次大戦後、ＧＨＱの民主化政策により、戦前の日本の支配層は一時期、公職から追放されたが、米ソ冷戦の開始とともに占領政策が転換され、彼らの大部分は復権することになった。つまり、日本の支配階層は、戦前戦後を通じて一貫しているということである。高度成長により一般庶民の地位が向上したことで、日本社会の階層構造は見えにくくなったが、近年の不況と中間層の没落によって、そうした階層構造が再び可視化されつつあるというのが現状であろう。

世襲により支配権力を継承している人たちが主導する大学改革の現状は、民主的な価値観を階級社会の価値観に置きかえようとする動きの一端だ、というのは言いすぎだろうか。

くり返すが、この本では具体的な政策そのものの是非を論じることはしない。しかし、民主的な価値観や、それを支える諸制度に関しては、それを守るべきだと主張したい。具体的に言えば、階級の違いを排した対等な立場での対話による合意形成が重要であり、それを実現するための制度を守り育てていかねばならない、ということである。

権力をむき出しにした「トップダウン体制」を強要されると、強要された側は、まずは反発し、それをさらに力まかせで抑えこまれると、主体的にものごとに取り組もうという意欲を失ってしまう。それは、結局のところ、日本の将来にとって大きなマイナスだろう。このままでは、今後、日本の大学が創造的な力を失っていく可能性は、かなり高い。それは、論文生産数の減少という形で、すでに現れている。

しかも、トップダウン体制には、トップが愚かだと全体が誤った方向に進んでしまうという大きな問題がある。一企業なら、それでつぶれても影響は限定的だが、国全体が道を誤れば、大変なことになる。

さまざまな立場や見方を持つ人が意見を出しあう、対話による意思決定過程は、時間がかかり、激変を起こしにくいので、一見すると非効率的だが、逆に言うと、破綻を起こしにくく、長期的な改善や安定という観点では優れている。しかも、対話に参加する人の主体的な意欲を向上させるという、大きなメリットもあるのだ。

第2章

対話が民主主義を作る

1 民主主義は多数決ではない

「民主的な価値観を守るべきだ」と言ったが、そもそも「民主主義」とは何だろうか。多くの日本人が「民主主義の本質は多数決だ」と誤解しているが、無造作な多数決は、「多数派の専制」とほとんど同義である。つまり、議会や社会の中で、数の上で多数を占める集団が、自分たちに都合がよいことを押しとおして、少数者の権利を侵害することになる。もし民主主義が多数決だと言うなら、国会はいつも強行採決すればよいはずだし、ネット社会では議会など不要で、どんなことでも国民が直接投票して決めればよいということになる。

もちろん、議員の選出は選挙による多数決だし、議会では最終的に採決を行って法案の可否を問うが、政治的に決断しなければならない事柄の中には、多数決にはなじまない問題がたくさんある。多数決は民主主義の本質ではなく、合意を形成するための手段の一つにすぎない。本質は、メンバーのなるべく多く、できれば全員が納得する合意を形成するほうにある。しかも、単に合意すればよいというわけではない。社会政策として有効で、われわれの幸福の増進に役立つ、妥当な結論が見出されなくてはならないのである。そして、合意形成と妥当な結論の発見を実現する手段として、多数決より対話のほうが優れているというのが、私の考えである。

多数決になじまない場合

以下では、何でも多数決で決めてよいわけではないということを、いくつか例を挙げて考えいくことから取りかかろう。

まずは、民主主義そのものを破壊するための投票を行ってはならない。周知のように、ヒトラーは、憲法を停止して全権を掌握した後、みずからの正統性を問う国民投票を行い、圧倒的な支持を得たのであった。その後の歴史が世界を巻きこむ悲惨なものになったことは言うまでもない。要するに、民主主義社会において、憲法を破棄し独裁者を承認することは、多数決によってであれ他の何かによってであれ、認めてはならないということである。

このことは、日本国憲法前文や、第九七条に掲げられている。前文では、民主主義を「人類普遍の原理」として、「これに反する一切の憲法、法令及び詔勅を排除する」とされている。また、第九七条は、以下のとおりである。すなわち、「この憲法が日本国民に保障する基本的人権は、人類の多年にわたる自由獲得の努力の成果であって、これらの権利は、過去幾多の試錬に堪へ、現在及び将来の国民に対し、侵すことのできない永久の権利として信託されたものである」。この「人類の自由獲得の努力」が、具体的にどのようなものであったかについては、次節（51－82頁）で概観する。

それから、一部の人の基本的人権を制限するようなことを、多数決で決めてはならない。たとえばだが、もしも沖縄県に米軍基地を置き続けることを、日本国民全員の多数決で決めるとしたら、沖縄県民全員が反対しても、多勢に無勢でそう決められてしまうことだろう。沖縄県の人口は一四〇万人ほどで、日本の総人口の一％強でしかないからである。[1] このように、一部の人に犠牲や負担を強いるような決断を、それを強いられる人たちの合意なしに、一方的に多数決で決めてはならない。憲法が基本的人権を保障していることの意味は、政府であれ多数派であれ、それを侵害してはならないということである。

要するに、民主主義社会の根本にかかわることを、多数決で侵してはならないのである。民主主義そのものを破壊するのは論外だが、どうしても一部の人に負担をお願いしなければならない場合に、多数決で強行することはかえって非民主的であり、対等な立場での話しあいによる合意形成こそが民主的な手続きである。

そうしたことに加えて、ある程度の専門的知識が判断に必要なことや、多くの人にとってはどうでもいいようなことも、多数決になじまない。多数決によって正しい判断が出ることが期待できないからである。

たとえば、俗に「郵政選挙」などと言われる二〇〇五年九月の衆議院議員選挙は、当時の小泉純一郎首相が、自分が推す「郵政民営化法案」の是非を国民に問うと称して衆議院を解散して行った選挙である。これなど、本来は多数決になじまない問題を争点にした悪しき例だと思われる。

一般市民の中に、郵政事業を民営化することのメリットとデメリットを、事実にもとづいてきちんと説明することのできる人がどれだけいるだろうか。あるいは、郵政事業の運営形態について強い関心を持っている人がどれぐらいいるだろうか。よく知らないことや、あまり関心のないことについて無理やり是非を問われたら、普通の人は適当に答えるだろう。つまり、その答えが「正解」である確率は五〇％である（是か非かの二択の場合）。そういう人たちの集団で多数決を取ったとして、その結果が「正解」である確率は、やはり五〇％である。要するに、多くの人がよく知らないことや関心を持たないことについて、多数決を取っても、コイン投げをして決めるのと同じことであり、意味がないのだ。

「いや、投票は政策に対する国民の支持を確認する意味がある」と思われるかもしれないが、政策は合理的に立案し決定されるべきであって、コイン投げ同等の方法で正当化してはならない。このことは世論調査についても言える。個々人が平均して少なくとも五〇％を超える確率で「正解」を出せる事柄についてのみ、多数決によって高い確率で「正解」を出すことができるし、[2] 世論調査によって一般市民の意思を確認することにも意味があるのだ。

郵政選挙の結果は、小泉首相が率いる自民党の圧勝だったが、小泉首相を支持して投票した多くの人は、郵政事業の運営など政府がやろうが民間がやろうがどっちでもいいが、バブル崩壊後の社会的な閉塞感の中で、「現状を変える決定を自分が下す」という感覚を得たいがために投票したのではないかと思われる（社会学的に検証したわけではなく、単なる私の推定である）。結果、郵政は民営化されたが、それから十年、私など一般市民の生活実感として郵便局がとくに変わったように思えないし、政府の財政が好転したわけでもない。やはり、多くの人にとってはどうでもいい改革だったのではないかと思わざるをえない。

このように言うと、「お前に郵便局を論じる資格はない」と思う方がおられるかもしれないので、小泉内閣で郵政民営化担当大臣だった竹中平蔵の発言を引用しておこう。

「困ったことになった。小泉さんが私に郵政民営化の担当大臣になれと言う。でも民営化は必要ないんですよ」。郵貯資金を公共事業に使う「財政投融資」は、「無駄な公共事業の温床」として批判され、民営化論の主要な根拠とされていたのだが、民営化以前にすでに廃止されていたからである。しかし、「他の人がやったら絶対うまくいかないから、自分がやるしかない。民営化が必要な理屈も一から作るしかない」（『サンデー毎日』二〇一二年一月二二日号に掲載された田原総一朗と佐高信の対談で、竹中から田原にかかってきた電話の内容として、田原が紹介している）。ちなみに、その理屈は、田原にはさっぱり理解できなかったという。

それでは、なぜ小泉はそこまで郵政民営化にこだわったのか。それを示す小泉の言葉としては、「これは権力闘争なんだ。角福戦争以来、橋本派に至る田中派の系譜と一貫して戦ってきた政治家は俺くらいしかいない。連戦連敗だったが、今度は俺が権力を握ったんだから。郵政、道路、厚生。既得権を守る族議員の力が最も強いこれら御三家を変えるんだ」（清水真人『財務省と政治』中公新書、二〇一五年、一三二頁）。

私怨で政治をしないでもらいたいものだ。ちなみに、衆議院議員選挙一回にかかる費用は、約六〇〇億円である。[3]

常識的に分かること、分からないこと

急いで付言すると、「判断には知識が必要」という主張は行きすぎると、どんなことについても「素人は黙って専門家にまかせておけ」という主張になり、さらには「専門家も黙って政治家であるオレ様にまかせておけ」という、どうしようもない「上から目線」の主張になってしまう。もちろん、これはあからさまに民主主義を否定する立場である。

判断に専門的知識が必要なことや、多くの人にとってどうでもいいことは、多数決になじまないが、これは逆に言えば、常識的に判断できることや、ある程度の専門的知識が必要であっても多くの人の関心を引くことについては、一般の人たちの意見を聞くことに意味がある、ということである。各個人が平均して五〇％を超える確率で「正解」できる問題であれ

ばいいのである。
実際、政治的に決断しなければならないことの中には、一般人の常識で十分に判断できることもたくさんある。そもそも、代議制が民主主義社会を運営する現実的で正当な方法だと考えられているのは、ある人物が自分たちの代表として信頼できる知性と善意を持っているか否かについて、一般の人が平均して五〇%を超える確率で正しく判断できると考えられているからである。また、自分自身にはそれほどの専門的知識がなくても、議会での論戦を見て、どちらの主張が妥当か（あるいは両方ダメか）ということは、一般の人が常識的に判断できる。

このことは、たとえば、代議制民主主義についての古典的な理論的考察であるJ・S・ミルの『代議制統治論』（原著は一八六一年）においてすでに書かれている。すなわち、「ある人が、公正な討議の場で自分の能力を大衆に向かって示してみせたとき、大衆は、たいていの場合、本能的にその人が有能な人間だと見分けることができる」[4]。

そして、一般市民の常識は教育によって高められ、それによって常識的判断力も高められる。一般市民の教育レベルが十分に高ければ、一般市民が適切に判断できることも増える。これは逆に言えば、教育が権利としてすべての人に保障され、一般市民の常識の水準が十分高くなくては、民主主義は十分機能しないということでもある。ここでまたミルの言葉を借りれば「普通教育が普通選挙権に先行しなければならない」[5]ということであり、日本国憲法

第二六条で「教育を受ける権利」が保障されていることには、そういう意味がある。

　言ってみれば、民主主義とは、すべての市民が賢くなければならないという無茶苦茶を要求する制度なのであり、大学やその他の教育機関は、その無茶苦茶を実現するために存在しているのだ。「教育界は財界の要望を聞く必要などない」とまでは言わないが、「産業に役に立つこと」は、教育の副次的な効果にすぎず、憲法が教育に託している本質的役割は、民主主義社会を担う市民を育成することなのである。

　とはいえ、昨今の国会の状況を見ていると、一般の人たちが本当に「本能的に有能な人間を見分けることができる」のかどうか、やや不安になるが、前回（二〇一四年一二月）の衆議院議員選挙の投票率が五三％弱と史上最低だった[6]のは、「候補者の中に信頼に足る人物がいない」という常識的判断にもとづく行動だったと解釈することも可能である。

　ただし、一般の人たちの判断力が、投票率が低下すると民意を代表しない人物が国会議員になってしまうということにまで及ばなかったことは残念である。このことは、最近の選挙で如実に示されている。

　二〇〇九年の衆議院議員選挙で自民党は大敗し、民主党政権が成立するが、そのときの投票率は六九・二八％で、自民党の小選挙区の得票率は三八・六八％、比例代表の得票率は二六・七三％であった。そこで、投票しなかった人も含めて有権者の支持率を計算すると、小選挙区では〇・六九二八×〇・三八六八≒〇・二六八、すなわち二六・八％の支持率であり、比例では同様の計算で一八・五%の支持率である（自民党の獲得議席数は一一九）。

他方、二〇一二年の衆院選挙で自民党は圧勝し、政権に復帰したが、そのときの投票率は五九・三二%、得票率は小選挙区で四三・〇一%、比例で二七・六二%であった。すなわち、全有権者の支持率としては、それぞれ二五・五%と一六・四%である（獲得議席数は二九四）[7]。なんと、「圧勝」したときよりも「大敗」したときのほうが、有権者全体の支持率が高かったということである。こうした逆転現象は、少しの票差が大きな議席数の差になりうる小選挙区制のデメリットが如実に現れたということでもあるが、やはり投票率の低下が大きな原因だったと思われる。

日常生活では、たとえば、スーパーマーケットに欲しい商品がなければ、何も買わずに帰るのが合理的だが、選挙の場合には、気に入った候補者がいないからといって投票しなければ、投票した人の意向のみが結果に反映される。ベストの候補者がいなければ次善の、それもいないなら一番マシな候補者に投票することで、少しずつでも議員の知性と善意を改善していくことが、選挙における合理的行動と言うべきであろう。選挙や政治に対する無関心は、「中立」ではなく、ほぼ必ず、権力者に利する結果になるのである。

次に、判断にはある程度の専門的知識が必要だが、多くの人の関心を引くことについて考えてみよう。もちろん、そうしたことはたくさんある。安保法案の是非や原子力発電所の存廃などはその典型だろう。人は、関心を持ったことについてはよく調べ、ある程度の専門的知識を身につけていき、それに伴って妥当な判断力を身につけていくものである。関心を持つ人が十分に多く、関連する専門的知識がもはや「常識」の域に達したようなことについて、世論調査の結果を一顧だにせず「素人は黙っていろ」と言うのは、傲慢である。

要は、一般市民による多数決を行う前に、あるいは世論調査をする前に、それを判断するために一般人が持っていないような専門的知識が必要なことなのか、それとも一般人の常識で十分判断できることなのかを、正しく識別しておかなくてはならないということである。この識別自体は、専門的知識を必要とせずに可能な判断である。誰だって、自分が何を知っていて何を知らないかは知っているだろうし、そもそもそうした識別の専門家は存在しないのだから、関連する専門的知識自体が存在しない。

しかし、専門的知識が存在しないということは、こうした識別は個々の事例について個別に行わなければならないということ、つまり単純な原理によってすっぱりと切り分けられないということでもある。一般に人は、個別に具体的に考えを進めるよりは、ものごとを単純な原理によって一刀両断にすることを喜ぶ傾向があり、「何でも多数決原理」か「何でも政治家まかせ原理」のいずれかで、すべて処理してしまいたい欲望にかられるもののようである。そこで、郵政民営化や大阪府の「大阪都」化など、どんなことであっても無造作に一般市民による投票を行って、その政策を正当化しようとする政治家が出現するのだろう。[8]

そういう政治家は、「何でも多数決」と「何でも政治家まかせ」という、本来矛盾するはずの両極端の考えをともに持っているように思われる。眼前の反対する議員を論理的に説得することができないので、政策の内容とは関係のない自分の大衆的人気を利用して、政策を押しとおそうとするからだろう。いまさらながら、民主主義とは何かをきちんと理解した人物を政治家として選ぶために、われわれの常識的判断力を正しく活用しなくてはならないところである。

2 民主主義の思想と歴史

ここまで、民主主義の本質は多数決でないことを説明してきたが、では民主主義の本質とはいったい何だろうか。それは、これまで示唆してきたとおり、すべての人が対等な立場で自分の意見を根拠づけて主張し、討議し、お互いに納得できる合意点を探るところにある。

もちろん、議会では討議の後、最終的に採決を取るが、それは合意ができたかどうかを確認するためである。採決の結果は全員一致であることが望ましいが、いくら議論を重ねても持論をまったく譲らない頑固な人もいるから、多数決で決めることがやむをえない場合もある。

以下では民主主義の思想と歴史の概略をたどることで、民主主義とは単なる多数決ではなく、すべての人が討議と合意形成による政治に参加することだという点を見ていこう。やや遠回りのようだが、昨今、対話が軽視されていることの大きな問題点を理解していただくためには、必要な回り道だと思う。

古代ギリシアの民主制

語源にさかのぼって考えると、民主主義（デモクラシー）とはギリシア語で「大衆（デーモス）の支配（クラトス）」を意味する。古代ギリシアの都市国家には、王制の国、貴族制の国、寡頭制の国（少数の富裕者が支配する国）、民主制の国など、さまざまな形態があった。なかでもアテネが民主制を取っていたのはよく知られているだろう。

当時から、さまざまな国制のあり方や、その良し悪しに関する議論がなされていた。プラトンの『国家』や『法律』、アリストテレスの『政治学』などである。民主主義を重んじる現在のわれわれはアテネを高く評価し、スパルタを軍国主義的として嫌悪するが、実は同時代においてもっとも尊敬されていた国制は、スパルタのものであった。たとえばプラトンの『国家』では、「多くの人から賞讃されているところの、かのクレタおよびスパルタ風の国制」（藤沢令夫訳、岩波文庫、一九七九年、下巻一七〇頁）などと書かれている。

ただし、プラトン自身は、高い素質によって選ばれ特別の教育を受けた哲学者が王として国を治めるのを理想としたので、スパルタの国制は軍事に傾きすぎて教養が足りない、アテネのような民主制は自由放埓に陥りがちだとして、両方とも批判している。

また、アリストテレスの民主制に関する議論の一部を紹介すると、彼はたとえば以下のように言っている。すなわち、民主制を寡頭制と対比した場合、大衆は数の上では富裕者より多いので、寡頭制は少数者の支配、民主制は多数派の支配だと一般に考えられているが、支配者の人数の多い少ないは本質的な違いではない、というのである（『政治学』牛田徳子訳、京都大学学術出版会、二〇〇一年、一三六頁）。多くの人が民主主義を多数決だと誤解するのは、古代ギリシア以来のようである。なお、アリストテレスによると、「富」を支配の根拠とするのが寡頭制、「自由」を支配の根拠とするのが民主制の本質だという。

「代表なくして課税なし」

もちろん、古代ギリシアの民主制と現代の民主主義国家の間には、直接的なつながりはない。当時、「三権分立」の思想は存在しなかったので、アテネでは、市民が現代で言うところの立法、行政、司法のいずれにも直接参加していた。行政職がくじ引きで選ばれたことはよく知られているだろう。現代の民主主義国家では、市民は立法への参加権を持つが、行政や司法は試験などによって選抜された専門の職員が担当することになっている。

現代につながる民主主義国家は、イギリスのピューリタン革命（一六四二年）と名誉革命（一六八八年）、アメリカ独立革命（一七七五年）、フランス大革命（一七八九年）などの市民革命によって成立したものである。そうした革命を理論的に正当化するために、ホッブズやロック、ルソーなどの思想家が、古代ギリシアの思想を参照したが、西洋近代における民主主義思想は、基本的に、国王と新興資本家層の対立の中で生み出されてきた。

ここでは、それぞれの革命の具体的な経緯については述べないが、「代表なくして課税なし」がアメリカ独立革命のスローガンの一つだったことに表れているように、「政府が税金を取るのなら、取られた側はその使い道の検討に参加する権利がある」ということが、当時、一般市民の政治参加を正当化するための強力な論拠であった。イギリスのピューリタン革命にせよ、フランス大革命にせよ、財政難に苦しんだ国王が新税を課そうとしたことが革命のきっかけとなっている。

シュンペーターの『租税国家の危機』（木村元一他訳、岩波文庫、一九八三年）によると、近代以前の国家の財政は、王侯貴族自身の財産によってまかなわれていたが、度重なる戦争の費用が大きな負担となった結果、彼らの財産は失われていった。反抗的な地方領主を、宮廷貴族として飼いならすための費用もバカにならなかった。その後に成立した近代国家は、もはや自分自身では財源を持たず、活動のために税金を徴収することが必要となった。封建国家[9]から租税国家へという国家形態の変容が、民主主義を準備したわけである。

現代では、われわれの税金は、さまざまな行政サービスに使われているので、「税金は行政サービスの対価であって政治参加とは関係ない」と思う人もいるようだが、当時問題になった新税は、納税者のためどころか、王が主導する戦争の費用に使われる予定だった。歴史的に言えば、税金が納税者のために使われるようになったのは、納税者の政治参加のおかげなのである。現代でも、税金と政治参加は無関係というわけではない。通常のサービスは消費者が自分の好きなものだけを購入し、不要と考えるものにはお金は払わないが、税金の場合には選択の余地なく支払いを義務づけられるので、税金は単なるサービスの対価とは言えないのだ。そして、行政サービスは法律や条例に根拠を持つので、どのようなサービスを行政が提供すべきかを選択するために、参政権が必要になる。

しかし、納税の義務が一般市民の政治参加の権利を生むというなら、税金を払わない者に参政権はないのか、と思われることだろう。歴史的事実としては、かつてはまさしくそのように考えられていた。中学や高校の日本史で学ぶとおり、日本において衆議院議員選挙法が定められたのは一八八九年だが、そのときは「国税一五円以上を納める二五歳以上の男子」のみに投票権が認められていた。単に税金を払っているだけでなく、多額の税金を払っている者のみに参政権が認められていたのである。

その当時、フランスやドイツ、アメリカではすでに成人男子の普通選挙が実施されていたが、イギリスではまだ制限選挙制であった。イギリスで普通選挙法が成立するのは一九一八年、日本では一九二五年である（ただし、いずれも成人男子のみ）。先に引用したミルの『代議制統治論』は、イギリスで普通選挙の導入が議論されていた時代に書かれたもので、ミルは普通選挙の導入に基本的に賛成しながらも、「税金を払っていない者には参政権を与えるべきでない」と主張している（第八章「選挙権の拡大について」）。

「国民固有の権利」としての選挙権

このように、納税の義務を政治参加の論拠とする主張には根強いものがあるが、もちろん税金だけが民主主義を正当化する理由ではない。現在ではむしろ納税の義務という当初の理由は背景に退き、税金を払っていない者にも当然のこととして参政権が認められている。具体的には、日本国憲法第一五条で「公務員を選定し、及びこれを罷免することは、国民固有の権利である」とされ、男女を問わず成年者の普通選挙が保障されているのである。

ところで、「ネトウヨ」について調べようと思って、いろいろネット上の書きこみを見ていて気づいたのだが、憲法に「国民固有の権利」と書かれているので、選挙権は「日本国籍を持つ者」にしか認められない、外国籍を持つ日本の住民に選挙権を与えるのは憲法違反だ、と考える人がけっこういるようだ。しかし、端的に言ってそれは間違いである。憲法が規定している以上の権利を法律で認めたからといって、即、違憲になるわけではない。

逆に、在日韓国人（特別永住者）が、地方選挙の参政権を与えられていないことが違憲であるとして、訴訟を起こしたことがある。憲法第九三条では「地方公共団体の長、その議会の議員及び法律の定めるその他の吏員は、その地方公共団体の住民が、直接これを選挙する」とされているからである。これに対する一九九五年の最高裁判決は、憲法第一五条の公務員の選定罷免の権利が保障されているのは「日本国籍を有する者」に限定されるとしたが、地方公共団体の長や議会の議員に対する選挙権を特別永住者に与えても違憲ではない、とした[10]。

ここでは、外国人参政権をめぐる憲法の解釈や判例に深入りせず、日本国憲法をつうじて、民主主義の思想や歴史について考えてみたい。そこでまず、政府が公表している日本国憲法の英語版[11]をみると、ここでの「国民」に対応する英単語は「ピープル：people」である。ちなみに日本国憲法のもとになったいわゆる「マッカーサー草案[12]」でも、相当する箇所は「ピープル」となっている。対して、第一〇条「日本国民たる要件は、法律でこれを定める」の「日本国民」は「ジャパニーズ・ナショナル：Japanese national」である。

つまり、第一五条でいう「国民」とは「日本国籍を持つ者」ではなく「普通の人たち」という意味なのである。この条文の趣旨は「日本国籍を持つ者にのみ選挙権を与える」ということではなく、「人民主権」の思想を表現しているということだ。この条文は、おそらく、ルソーの『社会契約論』の一節を引き写している。すなわち、「執行権をまかされた人々は、決して人民の主人ではなく、その公僕であること。人民は、好きなときに、彼らを任命し、また解任しうること」（桑原武夫他訳、岩波文庫、一九五四年、一四〇頁）。ルソーの思想については、少し後で説明する（63頁）。

「英語やルソーは関係ない、日本語で『国民』と書いてあるじゃないか」といって、外国人に参政権を与えても違憲ではないことに納得しない方は、外国人から徴税することも違憲だとお考えだろうか。第三〇条の条文は、こうである。「国民は、法律の定めるところにより、納税の義務を負ふ」（傍点は引用者）。外国籍の日本住民に憲法以上の義務を負わせるのは違憲ではないが、憲法以上の権利を与えるのは違憲だ、というのはご都合主義的な主張ではないか。

お気づきかもしれないが、ここまでの私の文章では、なるべく「国民」という言葉を使わず、「一般市民」とか「人たち」などと書いてきた。それは、英語で言うところの「ピープル」を念頭に置いてのことであった。「市民」と「人たち」の関係について言うと、「市民」とは参政権を持っている人たちのことであるが、[13] この本では厳密に区別していない。

「国民」という言葉は、「ピープル」の訳語としても使われるが、「日本国籍を持つ者」という狭い意味に解釈されやすく、そのように解釈したまま日本国憲法を読むと何やら排他的なことが書かれているように誤解してしまう。また、「国民」という言葉を使いながら、日本のあり方について議論していると、ついつい日本に住んでいる外国籍の人たちのことが頭からすべり落ちてしまう。それでは昨今、われわれの周辺で進む「グローバル化」に逆行する。多くの外国籍の人たちが、日本に住んだり訪問したりするようになり、街頭では外国語の表示を見たり放送を耳にしたりすることが増えた。「国民」という言葉を使っていると、そうした人たちと共存していく道を考えるうえで都合が悪い。そこで、私は、日本に住む人たちを指す言葉として「国民」を使うことを普段から避けているのである。

しかし、「グローバル化」を声高に叫ぶ財界人や政治家の言動を見ていると、どうも「国民」という言葉を無造作に使い、しかもそれを「日本国籍を持つ者」と狭く解釈し、日本国を「日本国民の共同体」と排他的に考え、「日本国民共同体が世界市場に打って出る」ことをグローバル化と考えているのではないかと思われる。それでは、グローバル化というより、むしろ、軍事から経済に衣替えした帝国主義である。もしも彼らの戦略が成功して、新興国の市場に日本製品があふれたら、その国の産業の成長は阻害され、その国の人々の雇用も奪われることになる。

そもそも「経済のグローバル化」とは、経済活動において「国境」が意味をなさなくなるということである。つまり、世界経済の中で、日本経済など「一国を単位とする経済圏」という区分が消滅していくということだ。それゆえ、「経済的帝国主義」は、一国の経済規模の拡大伸長を目的としている点において、グローバル化とまったく逆行する発想なのである。経済のグローバル化という事態そのものが好ましいかどうかはさておいたとしても、経済を「競争モデル」ないし「戦争モデル」で考えるのはやめたほうがよいだろう。[14]

この本では、具体的な経済政策の是非について踏みこんで論じることはしないが、本書の関心からこの件に関連して、あらかじめ指摘しておくべきことは、「国とは国民の共同体である」というイメージは、実は民主主義の思想の双生児だということである。この点については、次節（83-105頁）で論じる。

ホッブズ、ロックの社会契約説

やや脱線したが、話を民主主義の思想と歴史に戻そう。以下では、ホッブズやロック、ルソーらの普遍主義的な人権思想や社会契約説を概観する。この三人は、それぞれピューリタン革命期、名誉革命期、フランス大革命前夜に活躍した思想家である。

西洋社会で市民革命が起こった一七、八世紀には、単に税金の問題だけでなく、そもそも、なぜ王は臣民（被支配民）に対して一方的に義務を課すことができるのか、という根本的なところが問題となった。それに対する従来の答えは、王の権力は神によって与えられたという「王権神授説」だった。社会契約説は、そうした説を否定し、国家権力の根拠を「社会契約」に求める思想であった。要するに、王が臣民に義務を課すことは、臣民の権利を守るという目的でのみ正当化される、ということである。つまり、社会契約説とは、人々が国家的な共同体を作る目的はメンバーの福祉にあるという主張なのである。そして、国家機関の運営を王にまかせていては、その実現は期待できないということから、社会契約説は、すべての市民の政治参加を主張する人民主権の思想につながることになる。

ホッブズの『リヴァイアサン』（原著は一六五一年）[15]で、人間の「自然状態」が「万人の万人に対する戦い」と規定されていることは、よく知られているだろう。そうした状態は、万人にとって不利益だが、それを脱するためには、各人が王に対して服従を契約するしかない、というのである。

この点で、『リヴァイアサン』は絶対王政を擁護する書だと一般に言われているが、もともと服従の契約は、被支配民が自分たちの自己保存という利益のために行うのである。そうした利益を実現するために、王は、服従する人たち一人一人の人権を保障することを求められる。ホッブズ研究者の伊豆藏好美の言葉を借りると、ホッブズが構想していた国家は、「独裁的全体主義軍事国家よりは、むしろリベラルな福祉国家の方にはるかに近かった可能性がある」(「ホッブズ」『哲学の歴史5　デカルト革命』〔小林道夫編〕所収、中央公論新社、二〇〇七年、九六頁)。正当な権力は、一方的に服従を強要するのではなく、服従する人たちの人権を保障する義務があるということである。

続くロックの『統治二論』(原著は一六九〇年)[16]は、王権神授説への反論から始まる。聖書をいくら読んでも、現在の諸王家が、神から特別の権力を与えられたとは書かれていない。しかし、もしも国家権力が単なる暴力によって樹立されたというなら、それは正当なものとして肯定できない。強盗にピストルを突きつけられた人がみんな金を渡したとしても、強盗に金を徴収する正当な権利があるわけではない。それと同様に、暴力によって税金を取り立てることは不正なのである。

そこで、ロックもまた、正当な国家権力の根拠として「社会契約」を持ち出す。つまり、本来は自由で平等な各個人が、自分たちの権利を守るためにお互いに契約を結んで形成した共同体[17]のみが、正当な権力を持つということである。
各個人は、それぞれ生まれながらに自由権や財産権を持つとはいえ、それが侵害されたときに、自力で侵害者に反撃できるとは限らない。また、自分が正当な権利だと思うことを、相手も正しいと思ってくれるとは限らない。そこで暴力の勝負になれば、負ける可能性もある。こうしたことから各人は、全員に通用する規範を作ること（立法権）と、その規範を強制力を用いて執行すること（行政権）を、共同体にゆだねるという社会契約を結ぶ。そのためには、自分の気ままにふるまう自由と、みずからの権利を守るために暴力を行使することを、放棄しなくてはならない（後篇第九章）。共同体や、行政権を持つ政府は、そうした目的のために形成されるものであるから、権力者がその本来の目的を忘れて私利私欲に走るような場合には、人民は政府に抵抗する権利を有する。いわゆる「革命権」である（後篇第一九章）。
こうした思想に対して、すぐに思いつく批判は、「そのような社会契約は歴史上の事実としては存在しない。国家権力は事実として暴力によって樹立されたのだ」というものだろう。もちろん、歴史上の事実としては、そのとおりである。しかし、ここでロックやホッブズが論じていることは、国家成立の歴史ではなく、正当な国家権力についての理論なのである。[18]
「正当な国家権力」と言うと、何やら抽象的なことを論じているようだが、彼らの思想を分かりやすく言えば、こういうことである。すなわち、人民（ピープル）を暴力によって服従させ、一方的に搾取するような政府など、支配者の利益のために存在しているだけなので、人民は誰も支持せず、いずれ倒されるだろう。人民の支持を得る政府とは、人民のために存在している政府なのだ。

このように言うと「当たり前じゃないか」と思われるかもしれないが、その当たり前のことを実現するためには、人民に支持されない政府が実際に倒されること、すなわち市民革命が必要だったのである。ロックの思想は、その約八〇年後、アメリカ独立革命に大きな影響を与えた。アメリカ独立宣言は、一読していただければ明らかなとおり、ロック思想の要約である。[19]

ルソーの人民主権論

ホッブズやロックの思想は、人民の権利を主張しながらも、基本的に王制を擁護するものであった。ホッブズの場合はあからさまだが、ロックについて言うと、彼の理論では、立法権と並んで行政権も社会契約の対象となっている点に限界がある。立法権を行使するのは議会だが、議会自身が治安維持など実際の行政を行うわけではなく、行政は当時、王とその官僚が行うものであった。ロック自身は行政権（政府）に対する立法権（議会）の優越を主張するが、立法権と行政権がともに社会契約により成立するのだとすると、両者は原理的には対等ということになる。王の政府が暴走して議会のコントロールも効かなくなったときには、最終的には人民自身が革命を行うしかなくなる。

また、ロックは、人間は生まれながらに自由で平等だと言うが、その根拠を神に求めた。王権神授説とは、神が王にのみ権利を認めたという説だが、ロックの自然権・自然法の思想とは、神が王だけでなく、すべての人に権利を与えたという説なのである。これでは、キリスト教を信じない人たちに対して説得力を持たない。

さらに、ロックは、議会における決定は多数決によるとしている。これはおそらく、各人に神が平等に理性（論理的思考力）を与えたのだから、多数派の決定は理性にかなう、という素朴な信念にもとづくものだろう。「多数派の専制」という問題は、ロックの念頭にはなかったようである。

こうした点を踏まえて、ルソーの『社会契約論』（原著は一七六二年）の思想を、なるべく分かりやすく見ていくことにしよう。

ルソーの問題意識も、ホッブズやロックと同じく、「正当な国家権力とはどのようなものか」というものだった。すべての人間は、本来、自由で平等だという前提も、彼らと共有している。しかし、ルソーは、特定の個人である国王と契約して、その権力に服従することは、自由や平等の否定であると考える。これまた当たり前のことのようだが、ルソーの偉大な点は、絶対王政の時代にこれを主張したことにある。

しかし、だとすると「正当な国家権力」などありえるのか。自由な個人が自由でありながら、かつ国家権力に服従する、というのは矛盾ではないか。ルソーは、この矛盾を、「共同体の意思と個人の意思の一致」によって解決しようとする。[20] 共同体は個人の集合なのだから、個々人のすべてが一致して持つ意思（ルソーの言葉で言えば「一般意思」）が、共同体の意思になる。この場合、共同体の意思に従うことは、自分の意思に従うのと同じことだから、人は、自分の意思にのみ従うという意味で自由でありつつ、同時に共同体の意思に従うことになるのである。

「個々人の意思は人それぞれに違うのだから、全員が一致することなどありえない」と思われるかもしれないが、そんなことはない。「三度三度のご飯をちゃんと食べたい」、「人前に出ても恥ずかしくない服や、雨風をしのげる安全な家が欲しい」といった欲求を持たない人はいないだろう。すべての人間がこれらのものを必要とすることは、神など持ち出さなくても明らかである。これらが満たされなければ、人間はいちじるしい不幸に陥り、最悪の場合、死んでしまうからだ。

それゆえ、こうした「一般意思」は、いわゆる「基本的人権」と表裏一体である。基本的人権とは、人間が人間らしく生きていくために不可欠のもののことである。それをお互いに守ることが、「一般意思」なのである。

さらに言うと、「困っている人がいて、自分に助ける力があるときには、助けるべきだ」、「私利私欲のために他人を搾取する者は不正である」といった善悪の感覚も、人々の間で共有されているだろう。たとえ自分は助けるべき人を助けず、他人を搾取する人であっても、自分の行いが不正であると指摘されれば、認めざるをえないだろう。それを認めなければ、自分が同じことをされたときに、他人に助けを求めることができないからである。

ルソーが考える「一般意思」とは、具体的に言えばこうしたものである。共同体における正当な法とは、こうした一般意思であり、人々は暴力的に強制されたりしなくても、自分自身の意思としてこうした法に従う。このとき人々は、国家権力に服従するものであると同時に共同体の主権者でもあるのだ。

「そうは言っても、困っている人を助けない人や他人を搾取する人は現実的にいるだろう。しかもそのうえ、自分は不正など働いていない、これは自分の自由権の行使なんだ、と言い張る人だっているかもしれないじゃないか。そういう人に対してはどうするんだ」と思われる方もいるだろう。法を守らない人に対しては、刑罰などの強制力が行使される。[21]

「なんだ、やっぱり法は多数決で、それに従わない少数者は強制されるんだ」と言うのは、早合点である。一般意思は全員の意思であって、多数派の意思ではない。なぜか。ルソーは必ずしもはっきり書いていないので、私の解釈が入るが、一般意思にあたるようなものは、共同体を形成することと表裏一体だからである。

そもそも人々が共同体を形成する目的は、他人と協力することで、一人で生きていくよりも安全で快適に生きていくことである。つまり、共同体のメンバーは、単に自分の幸福を求めるだけでなく、ほかのメンバーの幸福も求めなくてはならない。私が先に一般意思の例として挙げた、衣食住への欲求を全員の「正当な権利」として認め、それが満たされずに困っている人を助けること、私利私欲で他人を搾取しないことなどは、そうした共同体を設立するために、すべてのメンバーが認めなければならない条件なのである。

このように考えると、単なる「多数派の意思」が一般意思ではないことは明らかだろう。たとえば、金持ちが議員になって議会の過半数を占め、貧乏な大衆から徴税して自分たちに配分するような法律を作ったとしたら、[22]それこそ「多数派の専制」である。そうした決まりは、搾取される者を含む共同体の存立を脅かすからである。

要するに、一般意思とは、「多数派の意思」ではなく、「実際にメンバー全員が持っている意思」でさえなく、「論理的に考えて共同体を設立し維持するために必要な条件」だということである。各人に理性（論理的思考力）があれば、メンバー全員がこれを意思するはずだ、という意味において「一般意思」なのである。

実際、ルソーは、このように言っている。「目のみえぬ大衆は、何が自分たちのためになるのかを知ることがまれだから、自分が欲することを知らないことがよくある」（『社会契約論』岩波文庫版、六〇頁）。したがって、一般意思を具体的な法文の形で明らかにするためには、異常なまでの才能を持つ「立法者」が必要だというのである。「共同体の仕組みを作りあげる仕事は、共同体の仕組みの中には含まれない。この仕事は特別で超越的なものであり、実際に人々を支配する仕事と重なる点はまったくない」（同文庫版の六三頁に相当。訳文は拙訳）。

つまり、社会契約のもととなる一般意思は、民衆に支持されることで正当化されるとはいえ、一般意思を明文化した原案（要するに憲法草案）を作るのは、異常なまでの才能を持つ特定の個人だということである。

このようにして明文化された共同体の存立条件を脅かす者が、刑罰の対象になる。つまり、人民主権の共同体的国家において、刑罰は、メンバーの共存共栄を阻害するようなことについてのみ正当化されるということである。それ以外の、共同体の設立や維持と関係ない事柄については、各個人が本来持っている自由がそのまま保障される。

行政権を担う政府と市民との関係について言うと、ルソーは、政府の設立は社会契約の対象ではない、とする。政府は法によって設立される。立法権こそが人民に由来する最高権力であり、行政権は立法権に従属するのである。それゆえ、政府が暴走したときには、革命を起こすまでもなく、単にそうした政府を解任すればよい。「執行権をまかされた人々は、決して人民の主人ではなく、その公僕であること。人民は、好きなときに、彼らを任命し、また解任しうること」。先に見たルソーのこの言葉は、そういう意味である。

そして、日本国憲法第四一条で「国会は、国権の最高機関であって、国の唯一の立法機関である」とされているのは、一般市民が立法権を握るというルソーの人民主権論＝民主主義思想を受けつぐものである。[23]

憲法とは何か

さしあたり、ここまでの議論で、民主主義の本質は多数決ではない、ということは納得いただけただろうか。民主的な共同体は、多数派の意思によって運営されるのではなく、メンバー全員が一致して認めるはずの法によって支配される。そうした法が「一般意思」であるのは、メンバーの共存共栄を目指すものだからである。税金の徴収やその使用目的も、そうした観点からのみ正当化される。刑罰は、こうした一般意思への違反にのみ適用される。民主主義は、理念としてはこういうことである。

「全員参加の討議による合意形成という話はどうなったんだ」と思われるだろうが、その話については、今しばらくお待ちいただきたい。ルソーの主張は、各人が同じ理性を持っているから、各人がそれぞれ独立に考えても、前提条件が同じなら同じ結論に至るはずなので、合意は形成するまでもないということである。言うまでもなく、これはあまりにも楽観的な見方だろう。実際問題として、各人の理性（論理的思考力）には差があり、同じことを前提にして同じことを考えたからといって、各人が同じ結論に到達するとは限らない。そこで、対話による合意形成が必要になってくるのである。この点については、この章の後半（106－116頁）で検討する。

ルソーが活躍した時代のフランスは、絶対的な権力を持つ王が人民を暴力的に服従させ、逆らう者を処罰し、一方的に税金を取り立てるようなものであった。ルソーは、あるべき共同体の像を提示することで、現実の政府や国のあり方を批判し、革命が目指すべき方向を指し示したのであった。

アメリカが独立宣言を行うのはルソーの死（一七七八年）の二年前、フランス大革命は死のおよそ十年後である。そうした市民革命を経て、実際に、近代的な民主主義国家が誕生する。そうした国々では、一般の人々が主導して、ルソーの言う一般意思、すなわち「共同体の目的は人権の保護であること」を宣言し、「公僕としての政府に認める権限の範囲」を明文で定めることにした。それを「憲法」という。

日本語で「憲法」というと「法」の一種のようだが、英語であれば「コンスティテューション：constitution」で、「法：law」という言葉は含まれていない。単に言葉の上の問題ではなく、憲法は通常の法律ではない。このことは法律学では常識だと思うが、日本では政治家でさえこのことを理解していない人が多いようなので、以下で憲法の歴史やそこで規定されるべき内容について、簡単に見ておきたい。

まず、「コンスティテューション」の語源はラテン語のconstitutioで、これは「立てる・建てる：statuo」という動詞に「集め合わせる：con-」という接頭辞がついたものの名詞形である。手元のラテン語辞典（田中秀央編『増訂新版　羅和辞典』研究社、一九六六年）を引くと、「整理・性質・確立・定義・命令」などの訳語が列挙されているが、要するに、「制度として決められたさまざまなものを集め合わせて、全体を作りあげる」ということである。ルソーの『社会契約論』の中にも、「コンスティテューション」という言葉は散見されるが、それはいずれも「国のあり方、国の諸機関の構成」という一般的な意味である。たとえば、先ほど引用した「共同体の仕組みを作りあげる仕事は、共同体の仕組みの中には含まれない」という一文の中で、「共同体の仕組み」と訳したのが「コンスティテューション」である。

なお、「仕組みを作りあげる」と訳した動詞は「コンスティテュエ：constituer」である。「共同体の仕組みを作りあげる」とは、具体的に言えば、立法機関と行政機関と司法機関それぞれのあり方や相互関係を規定して、国家機関全体を設計するということである。その名詞形が「コンスティテューション」であると言えば、この言葉のニュアンスがご理解いただけるだろうか。

ちなみに、ルソーは頼まれて『コルシカ憲法草案』や『ポーランド統治論』などの「憲法草案」を書いたが、われわれが「憲法」と聞いて思い浮かべるような、条文を列挙する体裁を取らず、それらの国のあり方やあるべき姿を散文で記している。

日本語で「憲法」という意味での「コンスティテューション」として、世界で最初のものは、一七八七年に作成されたアメリカ合衆国憲法である。[24] それは当初、短い前文と七条のみで構成されたシンプルなものであった。アメリカの国立憲法博物館のウェブサイトには、「豆知識：Fun facts」として「アメリカ合衆国憲法は、世界最古で最短の成文憲法です」と書かれている。[25]

その前文は、「われら合衆国人民は、正義を確立し、国内の平穏を保障し、共同の防衛を提供し、一般的な福祉を増進し、自由のもたらす恩恵をわれらとわれらの子孫のために確保するために、アメリカ合衆国憲法を定め、確立する」という短いものであるが、国家の目的は人権の保護であることを、はっきりと宣言している。

続く第一条では、連邦議会の構成や選挙方法と権限を規定し、第二条では大統領の任期や選挙方法と任務、第三条では裁判所の構成や守備範囲、第四条では州について、第五条では憲法の改正手続きを定めている。これらによって国の諸機関の構成を定め、公僕としての政府に認める権限の範囲を限定しているのである。

「憲法は通常の法律ではない」ということの第一は、この世界最初の憲法からもはっきり見てとれる。つまり憲法は、通常の法律と異なり、法律そのものを誰がどういう権限で作り、執行し、司法判断するかというメタレベルの決まりだということである。分かりやすく言えば、法律についての法律なのである。

では、第二の違いは何か。引き続きアメリカ合衆国憲法に即して見ていこう。

この憲法草案を作った人々は、「国の諸機関は憲法で列挙した権限のみを行使するのだから、暴走することはない」と考えたのだが、この草案を審議した人々は、そうは言っても国家権力の暴走防止のための規定がないのは問題だ、と考えた。政府が人民を不当に逮捕したり、議会がそれを正当化する法律を作ったりするかもしれない。両者の激論の末、この憲法は一七八八年に発効し、それに従って八九年に最初の連邦議会が開催されたのだが、まさにその場で修正案が提案され、九一年には最初の修正がなされた。[26] いわゆる「アメリカ合衆国憲法の権利章典」十か条である。内容を簡単に列挙すると、

修正第一条：信仰の自由と言論出版の自由、平穏に集会する権利と請願権
修正第二条：人民の武装する権利
修正第三条：個人の住居を兵舎として徴発することの制限
修正第四条：不当な捜査や逮捕、押収の禁止
修正第五条：刑罰を与える際の正当な法手続きの必要性
修正第六条：刑事被告人の権利
修正第七条：陪審裁判を受ける権利
修正第八条：過重な罰金や残虐な刑罰の禁止
修正第九条：憲法が明文をもって保障する以外の権利も、軽視してはいけないこと
修正第一〇条：連邦や州に委任されなかった権力は、引き続き人民が保有すること

これらの条文は、国家権力による人権侵害を禁止するための、国家権力への命令である。そして、ここに、憲法が通常の法律と異なる第二の点がある。つまり、通常の法律は、議会が作る一般市民への命令だが、憲法は一般市民が作る、議会を含む国家権力への命令だということである。

日本国憲法の場合

アメリカ合衆国憲法が制定され、最初の連邦議会が開催されたのと同じ一七八九年、フランスでは大革命が起こり、人権宣言が行われる。そして、アメリカで憲法の修正が行われた九一年には、フランスでも最初の憲法が成立した。その後、一九世紀半ばごろまでに、プロイセンをはじめとするドイツ諸邦など、君主制の国々でも憲法を制定することが主流になっていった。開国した日本が、不平等条約を改正するための運動として、憲法制定に取り組んだことは、中学や高校の日本史で学ぶだろう。

当時の日本をはじめとする君主国の憲法は、「欽定憲法」[27]と呼ばれるが、アメリカやフランスのような共和国の憲法と異なるのだろうか。憲法としての本質的な点、すなわち人民の権利保障と権力者の権限の限定という条件を満たしていれば、「同じ」と言ってよい。つまり、君主がみずからの権限を限定して人民の権利を侵害しないことを約束したものであれば、一応「憲法」の名に値する。

そして日本の旧憲法（大日本帝国憲法）は、これらの観点から一応「憲法」と称してよいものであった。岩波文庫『人権宣言集』（高木八尺他編、一九五七年）の「大日本帝国憲法（一八八九年〈明治二二年〉二月一一日）」の解説によると、

枢密院でその草案を審議した際、森有礼が「臣民権利義務」を改めて「臣民の分際」にしろと主張したのに対し、議長伊藤博文が、「憲法を制定する精神は、第一に君権を制限し、第二は臣民の権利を保護するにある。したがって、憲法で臣民の権利を記載せず、ただその責任のみを記載しようというならば、憲法を設ける必要がない」と答えた（三八七頁：傍点は原文による）。

もちろん、大日本帝国憲法では、臣民の権利は天皇が与えたものとされ、そのすべてが法律によって制限されうるものとされていたので、その「臣民権利義務」の章が「権利章典」としてまったく不十分だったことは言うまでもない。また結局、この憲法は軍部の暴走を防ぐことができず、日本は破局的な戦争に突き進むことにもなった。しかし、少なくとも、その起草者たちは、「憲法とは何か」を理解していたのである。

このように、近代国家における憲法とは、ルソーらが考えた民主主義の理念を明文化したものである。そうした観点から現在の日本国憲法をお読みいただければ、それが全体として

非常によくできたものだと分かるだろう。[28] アメリカ合衆国憲法などよりも、ずっとよくできている。世界の憲法が規定する主要な人権二〇のうち、日本国憲法が保障しているのは一九であるのに対し、アメリカの憲法は一二だけだという。[29]

自民党改憲草案の問題点

自民党は、二〇一二年に「憲法改正草案」なるものを作成して公表したが、これを作成した人たちは、「憲法とは何か」をまったく理解していないようである。[30] 実際、憲法学者の小林節と長谷部恭男は、安保法案を批判する記者会見で、「自民党の方たちと不毛な議論を三〇年近く続けておりますが、いまだに『憲法って何?』ということについて、自民党の方々が納得して下さらない。世界の非常識のような議論が続いております」などと述べた。[31]

この草案を読んでみると、最初から最後までツッコミどころ満載なのだが、一つ二つ、明らかにおかしな点を取り上げてみよう。それは、「権利」と「義務」という概念をまったく誤解している点である。たとえば、同草案第一二条には、国民は、「自由及び権利には責任及び義務が伴うことを自覚し、常に公益及び公の秩序に反してはならない」などと書いてある。

これは、基本的人権（英語で言えばライツ：rights）の定義としては、はなはだ不適切なものである。先にルソーの「一般意思」のところで説明したように、基本的人権とは人間が人間らしく生きていくために不可欠のものであって、義務を伴うものではないからである。ちなみに、ライツの対義語としての「義務」は、英語で言えばデューティ：dutyであり、「誰かから要求されたわけではなく、人として当然果たすべきこと」である。「ライツ・アンド・デューティズ」と言えば、「人間として当然要求できることと、人間として当然果たすべきこと」という意味であって、「権利は義務の対価」という意味ではない。

草案に書かれている「権利」は、英語で言えばクレイム：claim（請求権）やタイトル：title（資格）に相当するものだ。この対義語としての「義務」は、オブリゲーション：obligationであり、「外から課された仕事」といったニュアンスである。

要するに、この草案を書いた人たちは、権利（ライツ）と請求権（クレイム）との区別がついておらず、人権とは国家権力が課した義務（オブリゲーション）を果たしたことの対価として、国家権力から恵与されるものと考えているようである。

「権利」概念を誤解していることの当然の結果として、彼らは「義務」の概念も誤解している。たとえば、草案第二四条は、「家族は、互いに助けあわなければならない」。いったい、どんな根拠で憲法が国民にそんな指図をするのか、まったく不明である。

この「家族の助けあい義務」のほか、草案では十を超える新たな「義務」を国民に課している。すなわち、「国防の義務、国旗国歌尊重義務、領土・資源確保義務、公益及び公の秩序に従わなければならないという義務、個人情報不正取得等禁止義務、家族助けあい義務、環境保全義務、地方自治負担分担義務、緊急事態指示服従義務、憲法尊重擁護義務」である。[32] これらは、英語で言えば、いずれもオブリゲーションである。[33] 言うまでもないが、日本国憲法が規定する「国民の義務（デューティ）」は、勤労の義務、子どもに教育を受けさせる義務、納税の義務の三つだけである。そして、勤労の義務は「権利（ライツ）」でもあり、教育を受ける本人にとって教育は「権利」であるとも規定されている。ライツとデューティは、表裏一体の「人間として当然のもの」だからである。

このように、国民の「権利（ライツ）」という概念を「クレイム」だと誤解したうえで、それに制限を付け、国民にあれやこれやの義務（オブリゲーション）を課すものは、国家権力から国民への命令であって、とうてい「憲法」とは言えない。ご丁寧にも、それをわざわざ示すためなのか、改憲草案第百二条には「全て国民は、この憲法を尊重しなければならない」と書いてある。[34] 対して、日本国憲法は、「国家権力への命令」という原則に忠実に、第九九条で「天皇又は摂政及び国務大臣、国会議員、裁判官その他の公務員は、この憲法を尊重し擁護する義務を負ふ」とされており、国民に憲法を遵守させるような指示はしていない。

この草案を一読して読みとれるのは、一般市民に対して「保護してやるから黙って従え」という、「温情的君主の精神」とでもいった上から目線のメンタリティである。自分たちを階級社会における世襲的特権階級だと考えているのだろうか。憲法学者がいらだつのはよく分かる。先に、大学におけるトップダウン体制の構築について見たように、現在の日本では、こうしたメンタリティにもとづく「改革」があちこちで進められている。言うまでもなく、そうした専制君主的メンタリティは、民主主義の理念とまったく相反するものであり、現憲法がそのぎりぎりの歯止めになっているのだが、改憲草案はその歯止めをすべて撤廃しようとするものなのである。

戦後の日本で政権を長期間担ってきた自民党の、憲法と社会のあり方に対する認識がこのようなものであることを、多くの人は知るべきであろう。

ちなみに、ドイツの憲法典（ドイツ連邦共和国基本法）にも「国民の憲法擁護義務」が定められている。[35] これは、ナチスが民主主義的な憲法を停止する法律（いわゆる「全権委任法」[36]）を作って独裁を行ったことへの反省から、「民主主義を否定する政府や団体が出現したら、市民は憲法を守るために戦う」という宣言である。国家権力が国民の権利を制限したり義務を押しつけたりして、そのうえで「これを守れ」とダメ押ししようとしているわけではない。実際、ドイツ憲法典は第二〇条第四項で、「この（憲法的）秩序を排除することを企てる何人に対しても、すべてのドイツ人は、他の救済手段が可能でない場合には、抵抗する権利を有する」と定めている。ロックの言う「革命権」が明示されているのである。

これもネットを閲覧していて気づいたのだが、「ドイツ憲法典にも国民に憲法を守れと書いてあるのだから、自民党草案にそう書いてあってもおかしくない」と考える人がけっこういるようである。単なる掲示板の書きこみでなく、「憲法について考える」といったサイトを運営している個人の方で、そういうことを書いておられる方も散見された。

これは、日本語で「守る」という言葉が二義的であることから生じた誤解である。「守る」という日本語には、「従う・遵守する（英語で言えばオベイ：obey）」という意味と、「防衛する（プロテクト：protectあるいはディフェンド：defend）」という二つの意味がある。自民党草案は、「国民は自民党の作った憲法に従え（オベイ）」と言っているのであり、ドイツ憲法典は、国民に「権力者から民主主義を防衛せよ（ディフェンド）」と言っているのだ。意味がまったく異なる。

日本国憲法は「われわれ」に押しつけられたのではない

憲法改正を主張する人の多くは、「日本国憲法は占領軍による押しつけだ」と主張する。押しつけられたものであれば、なぜ、たとえそれが良いものであっても叩き壊さなければならないのか、その理由がよく分からないが、それはさておいたとしても、ここまでの話をご理解いただければ、誰が押しつけたかということよりも、むしろ、誰に押しつけたのかが重要な点だということがお分かりいただけるだろう。言うまでもなく、憲法を押しつけられたのは、日本国民ではなく国家権力である。それが憲法というものの本質である。

改憲論者が使う、「われわれに憲法が押しつけられた」というレトリックも、日本語の「われわれ」という言葉の二義性に依存していることを指摘しておこう。つまり、「われわれ」

という言葉には、呼びかけた相手を含む場合と、含まない場合があるのだ。[37] たとえば、教員である私が、学生に向かって「われわれ教員としては…」と言うときと、教授会で「われわれ教員としては…」と言うときとでは、「われわれ」の意味が異なっていることが、お分かりいただけるだろう。権力者が「われわれに憲法が押しつけられた」とか、「われわれ自身の手で憲法を作る」と言ったとき、その「われわれ」には、われわれ一般市民は含まれていないことに注意が必要である。

たしかに、現在の日本国憲法は、占領軍が草案を作ったという点では近代史上異例なものかもしれないが、国家権力が一般市民に何かを押しつけるよりマシである。歴史を見れば、そうした押しつけをはねのけることこそが、民主主義を成立させた動機なのであった。

いま、「占領軍が草案を作ったのは近代史上異例」と書いたが、ルソーは先の「異常なまでの才能を持つ立法者」について書いているところで、「(古代)ギリシアの諸都市の大部分では、その法の制定を外国人にゆだねることが習慣であった。近代イタリアの諸共和国は、しばしばこの習慣をまねした。ジュネーヴの共和国もそうして、うまくいった」(『社会契約論』岩波文庫版、六三—六四頁)と書いている。法案を作る者が同国人だと、自分が国を支配したいという欲望にとらわれてしまい、そのために都合のよい法案を作ってしまいがちだからである。

ＧＨＱがルソーの言う「異常なまでの才能」を持っていたかどうかはさておき、彼らが作った草案が、日本国内における既存の権力構造の関係者を排除して、第三者的立場から、「人民主権」を確立する目的で作られたことはたしかである。また、彼らの草案が、日本側による修正を経て日本国憲法となってから、七〇年間にわたって一般市民の支持を受けてきたことも明らかである。一九四六年一一月に毎日新聞が行った世論調査によると、「日本国憲法への改正を『成功』と答えたのは調査対象者の三四・七%、『大体よろし』五七%と合わせて九〇%超が賛意を示した」という。[38]

毎日新聞社と埼玉大学社会調査研究センターが共同で行った最近の世論調査でも、現憲法は高い支持を得ている。[39] たとえば、「戦後の日本の繁栄に、今の憲法が果たしてきた役割をどう評価しますか」という質問に対して、「かなり役立った」三四%、「ある程度役だった」五二%で、合計八六%の人が「役立った」と評価している。「戦争放棄」をうたう憲法第九条第一項を「改正すべき」という人は一七%、「改正すべきでない」が五七%。自衛隊の存在との齟齬が指摘される「戦力不保持」をうたう同第二項についてさえ、「改正すべき」が二三%、「改正すべきでない」が四六%である。

このように、日本国憲法に対する一般市民の高い支持があったために、「改憲」を党是とする自民党が戦後のほとんどの期間にわたって政権を担ってきたにもかかわらず、彼らは改憲することができなかったのである。

3 民主主義国家はどのようにしてできたか

民主主義の理念の現実形態としての「国民国家」

民主主義的な国家は、メンバーの共存共栄を目指す共同体として設立される。その憲法では、すべての人が持つ人権がうたわれ、国家機関のあり方や相互関係が規定され、権力者の暴走を防ぐために国家機関の権限が限定される。暴走した権力者は、暴力的な手段によらず、単に解任される。

こうした理念はすばらしいものかもしれないが、残念ながら現実の歴史は、理念よりも暴力的な闘争によって動かされることのほうがずっと多かった。実際のところ、民主主義国家の成立の歴史は暴力と混乱の歴史であった。フランス大革命後について言えば、革命政権内部の闘争と恐怖政治、ナポレオンの帝政、王政復古、七月革命とルイ・フィリップによる立憲君主制、二月革命と第二共和政、ナポレオン三世による第二帝政、パリコミューンと、第三共和制（一八七〇年）によって何とか政情が安定するまで、八〇年もの混乱の時代が続くことになる。

フランスが共和制と王制・帝政の間で揺れ動いていた一九世紀、ドイツやイタリア、そして日本といった、革命による王制の打倒を経験しなかった国々も、憲法を制定するなど民主主義的な要素を取り入れて、近代国家へと変容していく。

ロックやルソーといった近代の哲学者たちは、自由で平等な市民が対等な立場で結んだ契約によって共同体としての国家が形成されると考えたのだが、もちろん現実の歴史において、国家のないところにバラバラに住んでいた人たちが集まってゼロから新しく国家を作る、などということはなかった。植民地の人々が本国政府に反旗を翻したり、一般市民が既存の王国政府を革命によって倒したり、君主に憲法を認めさせたり、あるいは革命を恐れた君主が自発的に憲法を公布したり、などの形で民主主義的な国家が誕生していったのである。

そうした国々が実際にどれぐらい民主的な制度を採用しているかはまちまちであった。しかし共通する特徴は、それらの国々はいずれも「国民の共同体」としてイメージされたという点である。この場合の「国民」は、英語で言えば「ピープル」でなく、「ネイション：nation」[40]にあたる。そして国民は、同じ民族に属し、同じ言語を話し、文化を共有する者だとイメージされた。近代以前の国では、王の国家機関（ステイト：state）と人民は、「支配―被支配」という一方的な関係だったのに対し、近代国家は、国民と国家機関とが一体化した「国民国家（ネイション・ステイト）」なのである。[41]

こうした「国民」についてのイメージは、現在では多くの人にとって「もはや疑われることのない前提」となり、暗黙のうちにわれわれの思考を縛っている。

たとえば多くの学生は、外国からの留学生と交流すると、「アメリカ人は自分の考えに自信を持って主張するが、日本人は周りの顔色をうかがって言いたいことを言わない」などと感想を漏らす。言うまでもなく、自信のないアメリカ人や自信たっぷりの日本人もいるのに、「自己主張すること」が「アメリカ人一般」の特徴、ないし「アメリカ文化」と見なされ、「周りの顔色をうかがうこと」が「日本人一般」の特徴、ないし「日本文化」と見なされてしまう。こうした過度の一般化は、学生の反応にとどまらず、通俗的な「文化論」として広く流通している。

また学生に、「言語がものの考え方に影響する」という話をすると、[42]「言語」の部分を「国」や「文化」や「社会」に無造作に置きかえて理解してしまう。そしてレポートに、「授業では国が異なるとものの考え方が異なると言っていた」などと書いてくれる。このような無造作な置きかえをすると、日本国内にはかなりの数の外国語話者が居住していることや、「日本国籍を持つ者」の中にもアイヌ語や琉球語など、日本語とはかなり異なる言語を話す人が存在していることが念頭から消えてしまう。

このように、実態として、国民国家は「言語・文化・民族を共にする者の共同体」とは言いがたいにもかかわらず、われわれはそのようにイメージしてしまう。そして実は、そうしたイメージは自然なものでも大昔からの伝統に根拠のあるものでもなく、近代になってから、人為的に作り出されたものなのである。

近代国家を「国民国家」と見て、その形成を検討する歴史学ないし社会学的な研究分野を「国民国家論」という。アンダーソンの『想像の共同体』（原著は一九八三年）がその嚆矢《こうし》である。アンダーソンはその序論で、「国民」について、以下のように定義する。すなわち国民とは、「想像の政治共同体である。そしてそれは本来的に限定され、かつ主権的なものとしてイメージされる」（白石さや他訳、NTT出版、一九九七年、増補版、二四頁）。

まず、国民が「想像されたもの」だというのは、端的に言って、大部分の国民同士は面識がないからである。したがって、大部分の国民同士の間には、通常の共同体（コミュニティ）においてなら見られるはずの、直接的な相互依存関係も存在しない。にもかかわらず、全国民は一つの共同体をなしているとイメージされる。

第二に、「限定されたもの」だというのは、一つの国家に属する国民は、全人類ではなく、範囲を限定された一部の人たちだということである。要するに、世界には多数の国家があって、それぞれが固有の領土と国民を有しており、それらは相互に重ならない（複数の国家に属する土地や国民は原則としてない）、ということである。

ここから必然的に、「一つの国民は一つの経済をなす」というイメージも帰結することになる。少し前に、「経済のグローバル化とは経済活動において国境が意味をなさなくなることだ」と述べたが、国境の範囲内に限定された「国民経済」というイメージは、国民国家の形成に伴って作り上げられたのである。

第三に、「主権的なもの」だというのは、国民の概念が民主主義の思想を背景として生まれたからである。「経済のグローバル化」について述べたところでは、「日本国民の共同体というイメージは、民主主義思想の双生児である」とも述べた。そう述べたことの意味が、ここでご理解いただけるだろう。つまり、民主主義の理念が現実の国家に当てはめられた結果、理念とは必ずしも一致しない形で形成されたのが、「国民の共同体」としての国民国家なのである。歴史家のル・ゴフが「国民はフランス革命から始まる」と言うように[43]、最初の、またもっとも典型的な国民国家は、革命後のフランスである。

最後に、この国民国家というものは、国民を戦争に巻きこむ装置でもある。アンダーソンの印象的な言葉を引用してみよう。

> 国民は一つの共同体として想像される。なぜなら、国民の中にたとえ現実には不平等と搾取があるにせよ、国民は、常に、水平的な深い同志愛として心に思い描かれるから

である。そして結局のところ、この同胞愛の故に、過去二世紀にわたり、数千、数百万の人々が、かくも限られた想像力の産物のために、殺しあい、あるいはむしろみずからすすんで死んでいったのである（二六頁）。

国民国家形成の簡単な歴史

「国民は想像上のものだって？　でも実際に日本人は、日本語や日本文化を共有しているじゃないか」と思われるかもしれない。日本語について言えば、現在、ほぼすべての日本国民が日本語を使用できることは明らかである。しかし、そうした現実は、明治以来の近代国家としての日本の政府が、実現のために多大な努力を払って作り上げたものである。つまり、近代国家が先に作られ、それに合わせて国民が作られたということである。国民はまずは想像され、ついでその現実化が目指されたのであった。

たとえば、日本について言うと、明治維新の前後で「国の形」はまったく異なるものとなった。江戸時代の庶民は、権力との関係では単なる「被支配民」であったから、「自分は国家を構成する一員だ」などと考えていたとは思えない。言語についても地域による差が大きく、おそらく、現在の青森県にあたる地域に住んでいた人と、鹿児島県にあたる地域に住んでいた人が、どこかでばったり出会ったとしても、言葉はほとんど通じなかったことだろう。[44]

また、「領土」についての考え方も現在とは異なっており、たとえば現在の沖縄県は、独立の王朝を持ちながら中国（明・清）と薩摩藩に朝貢するなど、多重的な支配関係に置かれていた。国境が画定され、そこを越えるためにはパスポートがいるというような形、つまりは「一つの土地は一つの国の領土」という形になっていなかった。

そうした状況に対して、明治政府は、封建領主である藩を廃止して統治権力の統一を図った。つまり、全国一律の徴兵制・学制を実施し、全国で通用する唯一の通貨を発行して徴税権も掌握した。当時の欧米の「国民国家」の仕組みを導入したのである。そして、標準的な「日本語」を作り上げて学校で教え、地方語を撲滅してそれを普及させようとしてきた。[45]日の丸や君が代といった「国家の象徴」を定めて、祝祭日や学校行事で使用させた。国境の範囲内で流通する通貨が統一され、徴税と財政の範囲もまた国境と一致したことによって、日本国民全体の経済活動としての「国民経済」が実体化することになった。さらに、日本国民が共有すべき民族の歴史としての「日本史」のストーリーを作り、これまた学校で教えた。いわゆる「皇国史観」である。

このようにして明治政府は、あの手この手で「日本国民」を創出していき、日本に住む人たちは「日本国民」としてのアイデンティティを身につけていったのである。[46]現在の多くの日本人が「日本の伝統」や「日本文化」だと思っているものの大半は、実は明治以来の「国民創出プロジェクト」によって作られたり、普及を図られたりしたものなのだ。[47]

皇国史観は第二次世界大戦後に否定され、実証主義的な方法論にもとづく歴史学が発展するが、現在でもわれわれは「旧石器時代」から始まる「日本史」を学校で学ぶ。そうした「日本史」では、たとえば「日本最古」の人骨化石は「港川人」で、約二万年前のものだ、と教えられる。しかしながら、この骨が、われわれの実際の祖先である可能性は低そうである。国立科学博物館による研究では、港川人は縄文人よりはむしろオーストラリア先住民やパプアニューギニア集団と近いという。[48] しかも、これが発掘されたのは沖縄県で、沖縄県が明確に「日本国」の一部となったのはいわゆる「琉球処分」(一八七二年)以降のことである。

何が言いたいのかというと、現在の「日本史」研究においても、何を研究範囲とするかは、現在の日本国の範囲を過去に逆照射して決められているということである。先史時代から、現在の日本領土にあたる地域に住んでいたさまざまな出自を持つ人たちの営みを、「日本史」として取りまとめているのは、現在の日本領土だということである。

こうした「国民創出プロジェクト」は、もちろん、日本独自のものではない。明治政府が行ったことは、一八世紀にまずはフランスで、次いでヨーロッパ各国で進められたことの後追いである。

たとえば、フランスにも、その領土内にブルトン語やオック語、バスク語などの地方語を話す地域があったが、それらをやめさせてフランス語を話すように教育を行ったし、[49] 現在のフランスの領土を過去に逆照射して「フランスの歴史」を作った。そこでは、カエサルのローマ軍と戦って敗れたガリア王ウェルキンゲトリクスが、おそらく現在の大部分のフランス人の実際の祖先ではなさそうであるにもかかわらず、「最初のフランス人」などと記述された。[50] 一九世紀は「歴史の世紀」とも言われるように、歴史研究が盛んに行われるが、それは国民国家の統合のために「国民の歴史」が必要とされたことと強い関連がある。

また、革命政権をつぶすために周辺の君主国が仕掛けてきた干渉戦争に対抗するため、ナポレオンは徴兵制を実施したが、これは「主権者としての国民」自身が国家の防衛を行うべきだという思想にもとづくものであった。国民国家は、「国民軍」の創設と表裏一体だったのだ。そもそも、ルソーがこう述べている。

> 他人の犠牲において自分の生命を保存しようとする人は、必要な場合には、また他人のためにその生命を投げ出さねばならない。（中略）統治者が「お前の死ぬことが国家に役立つのだ」というとき、市民は死なねばならぬ（『社会契約論』岩波文庫版、五四頁）。

近代以前の国であれば、たとえば隣の国の君主の軍によって占領されたとしても、一般庶民は、「われわれの仲間」が殺されたり「われわれの領土」が侵害されたりした、とは考えなかっただろう。ありていに言ってしまえば、単に年貢を納める先が変わるだけである。攻める側にしても、一般庶民を略奪して反感を買ったり、生産手段を破壊したりすれば、うまく占領できたとしても支配するときに不都合なので、なるべく庶民を攻撃しないようにしたはずである。

国民が主権者であり、国家は国民の共同体だとイメージされてはじめて、外国軍との戦闘で殺されるのは「われわれの仲間」だと考えられるようになり、侵略されたのは「われわれの領土」だと考えられるようになる。かくして、「われわれの国」のために戦うという大義のもとに、徴兵制が実施されるのである。そうした共同体意識は、非戦闘員も「敵国民」であるという論理によって、都市への無差別空襲や、さらには原子爆弾による庶民の虐殺を正当化することにもなった。従来の戦争法（戦時国際法）では、非戦闘員への攻撃は違法であったはずなのに。国民国家は、戦争の形も変えてしまったのだ。

ナポレオンの率いる国民軍は、徴兵によって多数の兵員が集められたために、周辺の君主国の軍よりも兵力が圧倒的に多く、「われわれの国を守る」という意識から、士気も高かった。それでナポレオンは、ヨーロッパの大半を制圧してしまったのである。国民軍の威力を痛感した周辺諸国も、ナポレオンの失脚後、フランスをモデルとして国民国家形成に邁進した。そうした諸国はまた、植民地の獲得をめぐって相争うようになり、その流れの中で日本にも「黒船」がやってくることになる。明治政府が大急ぎで国民国家の形成を進めたのは、そうした時代背景においてであった。

民族意識が内戦を呼ぶ

民主主義的な国家は、理念としては、それに属するメンバーの共存共栄のために作られた共同体である。しかし、その共同体は、他の共同体と殺しあいを演じることもある。仲間との助けあいは、敵との殺しあいという形をとることもあるのだ。その場合に、徴兵を拒否する者は、単に政府の命令に従わない者ではなく、仲間に対する裏切り者と見なされる。共同体は、仲間内での民主主義を実現するものだが、仲間の結束は共通の敵との対立によって強化されることが多く、共同体への帰属意識は「敵か味方か」という二分法に陥りやすい。フランス革命は、王権によって抑圧された人たちの間の連帯意識によって実行され、その連帯意識は、周辺諸国からの干渉戦争への対抗によって強化されたのだった。民主主義は、「敵か味方か」の排外主義と紙一重なのである。

近代国民国家は、既存の権力機構の支配範囲に住む人たちを「国民」に作りかえていった。日本であれば、沖縄や北海道など、江戸時代までは日本国の一部であったとは言いがたい地域も日本国の領土として画定し、そこに住む人たちも国民創出プロジェクトの対象とした。むしろ、そうした人たちこそが、プロジェクトのもっとも重点的な対象だったと言ってもよい。彼らは、琉球語やアイヌ語など、日本語とはかなり異なる言語を話す人たちだったのだから。

こうして、「国民」の範囲は、言語や文化や民族といった自然な境界線によってではなく、既存の権力機構の支配範囲という人為的な境界線によって区分された。むしろ、「言語・文化・民族の同一性」は、後から作られたのである。

このことは、一つの国民国家の内部にも、別の「国民」が生まれうることを意味する。つまり、ある国民国家の内部の集団が「民族意識」を持つと、独立運動が起こり、国家が分裂することにもなる。スコットランドのように、独立運動が穏健な住民投票によって争われる場合もあるが、[51]内戦に発展することのほうが多い。国内で複数の民族間に対立関係や支配―被支配関係があった場合には、大虐殺が行われることもある。たとえば、一九九一年から十年にわたって続いたユーゴスラビア紛争では、第二次大戦後のヨーロッパでは最悪と言われる虐殺事件が相次いだし、一九九〇年から始まったルワンダ紛争では、九四年四月からわずか三ヶ月間で、八〇万人とも言われる人々が虐殺の犠牲になった。

各民族はそれぞれ独立国家を持つ権利があるという「民族自決の原則」は、国際人権規約で認められており、多くの人はおそらく単純に「良いこと」だと考えているだろうが、これまで見てきたように、「民族」は必ずしも自然なものではない。

たとえば、ルワンダ紛争で「フツ族」の人々は対立する「ツチ族」の人々を虐殺したが、この二つの「民族」は、ベルギーがこの地を植民地支配していた時代に作り出し、両者の対立をあおることで植民地支配に利用していたものである。もともと両者は「民族」を異にするグループではなく、単に農耕を行う生業集団（フツ）と牧畜を行う生業集団（ツチ）であったが、ベルギーは両者を「民族」として扱い、ツチの人々を優遇しフツの人々を差別的に待遇することで、両者を対立させたのである。[52]

もちろん、こうした「分割統治」はベルギーのオリジナルではなく、もっとも有名なのはイギリスによるインド統治政策であろう。イギリスは、ヒンドゥー教徒とイスラム教徒の間の対立をあおって植民地独立運動を抑制しようとした。最終的にインドは独立するが（一九四七年）、ヒンドゥー教徒のインドとイスラム教徒のパキスタンに分かれてのことだった。分離独立に際して、パキスタンとなる地域に住んでいたヒンドゥー教徒は新インドへ、インドになる地域に住んでいたイスラム教徒は新パキスタンへの移動を余儀なくされて難民化し、その過程で暴動や虐殺が頻発した。独立後もインドとパキスタンは相互にいがみあい、三度にわたる印パ戦争を戦うことになる。

契約にもとづく共同体と仲間意識にもとづく共同体

このように考えてくると、戦争が起こらない世界、個人が尊重される世界を実現するためには「国民」や「民族」などないほうがよい、と思う人さえいるかもしれない。しかし、人は一人では生きていけないので、何らかの共同体的な組織を作るしかない。このことは疑いようのない事実である。そこで問題は、「敵か味方か」の排外主義につながらない民主主義的な共同体は可能か、ということになる。

社会契約論の思想の骨子は、共同体はリスクの分かちあいという、いわば「ドライな」契約関係によって設立されるということであった。これは哲学史的に言えば、功利主義の一変奏である。つまり、困っている仲間を助けるのは、自分が困ったときに助けてもらうためなのである。一見すると、こうした考え方は冷静で合理的であり、排除や敵対関係につながるものは含まれていないように思える。

他方、現実の民主主義国家は、既存の権力機構の支配範囲に住む人たちを「国民」に作りかえることで成立したが、この「国民」とは、「言語や文化や民族を同じくする仲間」であって、ドライな契約の主体以上のものである。国民国家という共同体を結びつけているのは、単なる契約ではなく、「ナショナリズム」という仲間意識なのである。この仲間意識は、「仲間」のほとんどと実際の面識などないという点で想像上のものであるにもかかわらず、何百万もの人々が、見返りを求めることなく、みずからすすんで死んでいくほどに強烈なものであった。

では、民主主義的な共同体は、合理的な利害計算にもとづくリスクの分かちあいの契約によって成立しうるのか、それともやはりナショナリズムが必要なのか。あるいは、単なる功利主義的な契約による共同体が望ましいのか、仲間意識にもとづく共同体が望ましいのか。いずれも難しい問題だし、実際の共同体は、純粋にリスクの分かちあいのみにもとづく合理的なものでも、仲間意識という感情的なきずなだけで結びつくものでもないが、あえてこの二つの共同体を理念的に区別して考えてみると、まず一つはっきり言えることは、ドライな契約のみにもとづいていて仲間意識がまったくない共同体は、排除や敵対関係とは無縁に見えて、実は必然的に特定の人たちを排除してしまうということである。なぜなら、リスクの分かちあいという観点からは、はじめから高いリスクを背負っていることが明らかな人を、メンバーから排除するのが合理的だからである。しかも、あらかじめ明らかな高いリスクとは、たとえば遺伝病などのように、それを背負う本人の意思や努力ではどうにもならないことなのが普通である。

要するに、たとえば遺伝的に必ず重い病気になると分かっている人をメンバーに入れると、他のメンバーはその人を助けても十分な見返りを得られないのは確実なので、はじめからメンバーに入れないほうがトクだということである。こうして、リスクの分かちあいのみを動機として形成された共同体は、本当に助けが必要な人たちばかりを選んで排除することになる（付言すると、これが民間の保険会社によって公的な社会保障を代替できない理由である）。

それに対して、理屈のうえでは、功利主義的な動機を含まず仲間意識のみにもとづく共同体が、弱者ばかりを選んで排除することはない。そうした共同体から誰かが排除されるのは、その人が役に立たなくなったときではなく、仲間を裏切ったときである。

国民国家について言うと、メンバーが「新規加入」する主な場面とは、国民の子として生まれた場合である。そのとき、その子が病気だとか障害があるからといって国民として認めないということはない。また、事故や加齢で動けなくなった人たちを国民から除外することもない。そうした人たちに対しては、見返りを求めずに援助するのが普通である。[53]

もちろん、仲間意識によって結束した集団同士が殺しあいを演じることもあるが、ルワンダ紛争の例などから明らかなように、仲間意識が直接の原因というよりは、それら集団間の経済的な格差や政治的な不平等が原因であるのが通常である。

民主主義とナショナリズムの関係

といっても、「ナショナリズムは本来良いもので、悪いのは差別だ」などと無造作に結論することはできない。いま、「集団同士の殺しあいの直接的な原因は経済格差や政治的不平等だ」と言ったが、ナショナリズムそのものの発生原因もまた、そうした格差や不平等だからである。つまり、経済的格差や政治的不平等によって抑圧された人たちの、「ともに抑圧される者」としての連帯意識が先にあり、それを強化し、抑圧する「敵」との差異を際立たせるために、「言語や文化や民族の同一性」などのイメージが作り出されたというのが、たいていの国におけるナショナリズム形成の歴史的順序であろう。

要するに、ナショナリズムとは、単なる仲間意識ではなく、常に「敵」を意識して作られ、権力機構によって普及させられたものなのである。それゆえに、領域内の地方言語を撲滅して言語を統一するなど、多様性を許容しない均質化政策が取られたし、一体化を拒む者は「非国民」として排除されるなど、一国内においても「敵か味方か」という二分法に陥りがちであった。要するに、ナショナリズムは、仲間内での多様性を許容しない全体主義と紙一重だということである。

しかも、ナショナリズムにおける「仲間」のほとんどが想像上のものであるのに対応して、「敵」のほとんども想像上のものである。「敵か味方か」を、一人一人の具体的な人間に即して考えるのではなく、抽象的なイメージとして考える習慣に染まってしまうと、具体的な人間を見ずに、「敵国に属する者は敵」、「政府の命令に従わない者は敵」といった言葉のみに踊らされて、正義感に燃えながら残虐行為を働くことにもなる。

そこで、先ほどの問いに戻ると、民主主義的な共同体の形成には、そのようにして作り出されたナショナリズムが必要なのか。

おそらく、共同体の規模によるだろう。共同で農業を行う村落共同体や、狩猟採集を行う部族共同体のように、お互いに顔の見えるサイズの共同体であれば、「共通の敵」といった外在的な原因からではなく、具体的な生活上の必要性から連帯感や仲間意識が生まれるだろう。そうした共同体を単位として、近隣の共同体との友好関係や連帯関係が結ばれることもあるだろう。

しかし、そうしたサイズを超えた「想像の共同体」が、何らかの内的必然性によって形成されるとは考えにくい。相当広大な面積にわたって、多数の人たちに対して教育や動員を行うためには、大規模な権力機構が必要である。そして実際、民主主義国家は、既存の王の国家をもとにして、それを国民国家へと改変することによって成立したのである。[54]

最初の国民国家であるフランスでは、干渉戦争に対抗してナショナリズムが高揚し、逆に周辺諸国を侵略することになった。フランスに侵略された周辺諸国でもそれに対抗するためにナショナリズムが高揚した。そうした相互の緊張関係の中で、顔の見えるサイズの共同体が、巨大な国民国家群に抗して存立することはできなかっただろう。その結果、世界のほぼ全域が、かなり巨大な規模の国民国家がひしめき合うような形で構成されることになった。

こうした経緯のどこまでが必然で、どこからが偶然なのかを区別することは困難だし、こうして生み出された国民国家の中には、民主的とは言いがたい国が多数含まれていることもたしかだが、少なくともこうした経緯を経なければ、現在の世界に見られるような、人口数千万人とか数億人といった規模の民主主義国家が成立することはなかったのではないかと思われる。

「そんなに巨大な国家はいらない。世界は、顔の見える程度の、排他的でない共同体の組み合わせでできているほうがよい」と思う人もいるかもしれないが、世界のあり方をゼロから設計することはできないので、もしその実現を図るなら、現存する巨大な国民国家を解体するしかないが、実際問題としてそれは相当困難だろう。もし暴力的に解体しようとすれば、革命後のフランスや「アラブの春」以降の中東諸国のように、長期にわたる混乱がもたらされることは間違いない。

それに、巨大な民主主義国家は必ずしも悪いものでもない。顔が見える程度の共同体で生活に必要なものをすべてまかなおうと思えば、現在のような豊かな生活は望めないだろう。共同体が占める領域が狭ければ、災害や経済変動などの影響で生活が破壊されるリスクも大きくなる。巨大な人口が、税金の負担と社会保障の受益によって支えあうことで、より安全で安心な生活を送ることができる。

そして、この助けあいには、リスクの分かちあいという合理的・功利主義的な発想によっては正当化されない側面がある。「われわれの国に属する人は、病気や障害があろうがわれわれの仲間だ」という意識が広く共有されていなければ、必ずしも見返りを求めずに援助する制度は、広範な支持を得られないのではないか。

結局のところ、国民国家という形で実現された民主主義国家は、ナショナリズムと表裏一体の、戦争のための装置として形成されてきたものではあるが、おそらく、他の国家形態では得られないほどの豊かさと安全をわれわれにもたらすものでもあるのだ。

そうしたことを自覚したうえで、われわれのなすべきことは、民主主義を無造作に礼賛したり、逆にナショナリズムを頭から否定したりすることではなく、多様性を許容しない、戦争のための装置としての「民主主義国家=国民国家」を、多様性を許容しつつ、必ずしも見返りを求めずに助けあうための装置へと、あるいは戦争をしないための装置へと作りかえていくことではないか。

国民国家を超えようとするEUの取り組み

これは机上の空論ではなく、たとえばヨーロッパ連合（ＥＵ）が実際に行おうとしていることである。

ＥＵは「多様性の中での統一」を標語としており、域内では従来の国民国家間の国境を事実上撤廃して通貨を統一したり、ＥＵ域内の市民によるヨーロッパ議会を設置したりするなど、国民国家の枠組みを超えた仕組みを模索している。ＥＵを構成する国民国家が、みずからの権限が縮小されることに抵抗して紛糾する場面も見られるが、基本的な方向性としては、さらなる統合の深化を目指している。[55]

ＥＵのやり方は、現実主義的である。既存の国民国家をいきなり全否定せず、その枠組みを温存したうえで、経済関係という合意しやすい部分から統合を進めているし、多言語主義を採って、加盟諸国の公用語を基本的にすべてＥＵ公用語としている。ＥＵ市民には多言語の習得を奨励し、学ぶ機会の拡大や均等化に努めている。

もちろん、こうした進め方にはいろいろな問題がある。たとえば、通貨は統一したものの、徴税や財政は基本的に加盟国にまかされているので、ＥＵ域内の経済格差を是正する手段が限られている。これがギリシアの財政破綻の一因となった[56]。また、EU公用語は加盟諸国の公用語だと述べたが、各国の公用語は、かつて各国民国家がそれぞれの領域内で地方言語を排除して統一することで作り出したものである。スペインにおけるバスク語や、イギリス（連合王国）におけるスコットランド語など、各国内に残る地方言語はEU公用語とされていない。要するに、「多様性」の単位が、既存の国民国家にとどまっているということである。

ただし、EUは、「地域言語または少数言語のための欧州憲章」（一九九二年[57]）によって、公用語になっていない地域言語や少数言語を保護し育成することも目指している。具体的には、たとえば地域言語や少数言語による教育を受ける権利などがうたわれている。「それらの言語の多くは話し言葉であったため、文法やつづりがまちまちであった。そこで、地方言語や少数言語の担い手たちは、書き言葉としての統一を図りながら教育カリキュラムに積極的に導入するなどの努力を行っている」という（羽場久美子編『EU（欧州連合）を知るための63章』（明石書店、二〇一三年、四四頁）。

しかし、言語の問題はなかなかやっかいである。多様性を追求すればするほど良い、と断言できるわけではない。この引用文でも明らかなように、ある地域言語ないし少数言語が「一つの言語」として認知され、保護育成されるということは、それが流通する範囲内での統一化が行われることと表裏一体である。つまり、ある言語が、「公的な地位を得るべきもの」、「学校で教えるべきもの」になるためには、かつて国民国家が公用語について行ったのと同様の作業が必要なのだ。そうした過程で、よりマイナーな地域言語ないし少数言語が消滅することになるかもしれない。

それに、何をもって「一つの言語」とするのかは必ずしも自明ではない。「話し言葉は文法やつづりがまちまち」というが、個人のレベルにおいてさえ、その人独特の言い回しや文体がある。毎週、学生のレポートを読んでいるうちに、名前を見なくても誰が書いたかおおむね分かるようになるほどである。こうした個人間の差異までも「多様性」としてしまえば、連帯や統合などまったく不可能になってしまう。

つまり、「多様なもの」の一つが確固たるものとして作られるときに、より微小な「多様なもの」を押しつぶしてしまうことが多く、だからといって微小な「多様なもの」をすべて尊重しようとすれば、連帯や統合が不可能になってしまうということである。「多様性の中での統一」は、このように本来矛盾するもの同士を両立させようという、繊細なバランス感覚が必要な試みなのである。

また、EUの多言語主義がそこそこうまくいっているのは、ヨーロッパ諸言語が相互に似ているからである。一般に、自分の母語と文法構造や単語が類似した言語の習得は比較的容易である。今後、ヨーロッパ諸言語とは大きく異なる言語を使用する地域にEUを拡張しようとするなら、多言語主義は一般の人たちにかなり大きな負担を強いることになるだろう。これは、近隣諸国の言語の多様性が大きい日本が、EUの取り組みを参考にするうえで十分考えなくてはならない問題でもある。

とはいえ、日本の現状は、国民国家の枠組みを乗り越えようとするどころか、生活保護受給者へのバッシングや社会保障の切り下げ、大企業や富裕層優遇の税制による格差の拡大など、国内における連帯や統合が脅かされる一方、外国の脅威をあおって安保法案を強行可決するなど、国民国家の「排除と戦争のための装置」という側面をやみくもに強化しようとしているようだ。残念ながら、まずは「民主主義とは何か」、「国民国家とは何か」という理解を広める必要がある段階である。

4 対話によって思考力を育てる

同じことを考えたら、誰でも同じ結論を出すか

前節の話をまとめておくと、民主主義の根本的な理念は、他人と協力することで、一人で生きていくよりも安全で快適に生きていくことであるが、それが現実のものとして出現するためには、戦争とナショナリズムを経由して、「国民国家」という形態をとらねばならなかった。仲間意識や連帯を拡大して、より多くの人が安全で快適に生きていける世界を実現するためには、われわれはそのことを自覚し、民主主義が「敵か味方か」の二分法的な排外主義や、仲間内での多様性を認めない全体主義に陥らないように、かといって共同体が個人単位に解体してしまわないように、微妙なバランスを取りながら進んでいくほかないのである。

この節では、もう一つ、民主主義がその上に乗る、危ういバランスについて考えたい。つまり、多数決の結果には、全体の利益にかなう妥当な結論である場合と、単なる「多数派の専制」である場合があり、ある結果がそのどちらなのか、容易には判断できないという問題である。私としては、この問題を解決するのが対話という方法だと考える。そうした対話の中で、各人が思考力を育て、鍛えることで、よりいっそう、妥当な結論を導き出せるようになっていく。

ルソーの「一般意思」についての議論を振り返ると、一般意思とは「論理的に考えて共同体を設立し維持するために必要な条件」であり、「論理的思考力がある人間なら誰しも納得するはずのもの」であった。こうした発想は、人間の理性を信頼する西洋啓蒙思想に特有のものだと言ってもよい。各人が同じ理性を共有していることが素朴に前提できるなら、対話による合意形成は不要である。

「理性の共有」というと何やら難しいことのようだが、比喩的に言えば、要するに人間は同じソフトウェアがインストール済みのパソコンのようなものだという発想である。もしそうだとすると、判断に必要な情報さえ入力すれば、各人がそれぞれ個別に考えても、全員が同じ結論に至るはずなので、合意形成のプロセスは不要になる、ということだ。

たしかに、数学の問題についてなら、そのとおりだろう。同じ問題を誰が解いても同じ答えが出る。コンピュータならぬ人間は、計算間違いをすることもあるが、自分の答えが他の大多数の人の答えと異なっていれば、自分が間違っていることが分かる。
そしてルソーは、「共同体の設立と維持についての条件」についても、これと同様に考えているようである。各人が、個人的な利害を度外視して、全員の幸福のために、全員が守らなければならない条件を考えるなら、全員が同じ結論に達するはずだ。もし自分の結論が間違っていた場合には、他の大多数の人たちの判断と異なるだろうから、間違っていたことが分かる。ルソーの考えはおおむねこういうことである。ルソー自身の言葉を引けば、以下のとおりである。

ある法が人民の集会に提出されるとき、人民に問われていることは、正確には、彼らが提案を可決するか、否決するかということではなくて、それが人民の意志、すなわち、一般意思に一致しているかいなか、ということである。各人は投票によって、それについてのみずからの意見をのべる。だから投票の数を計算すれば、一般意思が表明されるわけである。従って、わたしの意見に反対の意見がかつ時には、わたしが間違っていたこと、わたしが一般意思だと思っていたものが、実はそうではなかった、ということを、証明しているにすぎない（『社会契約論』岩波文庫版、一四九―一五〇頁）。

しかし、数学の場合であれば、自分の答えが大多数の他人と異なることは、単に自分が間違えている可能性に気づくきっかけでしかない。正しいか間違っているかは、多数決ではなく、純粋に論理的に決まる。論理的な筋道を追っていけば、実は自分だけが正しく、他の全員が間違っていたことが分かるといった場合もある。また、自分が間違った場合でも、どこをどうして間違ったのかは、論理的に説明してもらえば、誰しも納得するはずである。

それに対して、ルソーはこの引用文で、多数決を自分の意見が一般意思としてふさわしいかどうかを判定する基準として認めてしまっているように見える。しかし、正誤の基準が多数決しかないなら、可決された法案が本当に全員の幸福のためのものか、それとも多数派が自分たちに都合のよいことを決めたのかを、内容から区別することができなくなってしまう。また、自分の意見を否決された人は、自分の意見のどこがどうして間違っていたのかを理解することができない。

ある法が妥当なものか否かを判定するときに、われわれは数学のような厳密な推論規則にもとづく論理によってではなく、「日常的思考の論理」によって考えている。そうした論理が具体的にどのようなものか、後ほど考えることにして、さしあたり、「多数派の専制」を防ぐ手段についてのルソーの答えを見ておこう。それは、「各人が十分な情報を与えられたうえで、誰とも相談することなく自分一人で熟考して出した結論を、投票によって表明すればよい」というものである。多数派の専制が生じるのは、人々が徒党を組んで自分たちの利害を押しとおそうとするからだ。人々に徒党を組ませず、自分の意見だけを言うように仕向ければ、個人的な利害が平均化されて全員の利益が析出するので、正しく一般意思が導かれる、という（『社会契約論』岩波文庫版、第一篇第三章）。

先に多数決について説明したとおり、個々人が平均して少なくとも五〇%を超える確率で「正解」を出せる問題であれば、多数決の結果は高い確率で「正解」になるので、個々人の理性を素朴に信頼するなら、ルソーの言うことには一理ある。[58] しかも、ルソーは、議決に必要な得票割合に、全員一致からぎりぎり過半数（一票差）までの段階的な差異を設定して、重要な議案については可決のための票差を大きく設定すればよい、と提案している。たしかに、可決ラインが上がれば、多少の人間が徒党を組んだとしても、自分たちの利益を押しとおすことは難しくなる。

それに、個々人の主張はそれぞれ単なる個人的見解であって、徒党を組まない人たちによる多数決で認められたものだけが一般意思であるとするなら、大多数の反対意見を無視して「自分のほうが正しく、他の全員が間違っているのだ。そのことは歴史が証明する」などとうそぶく一政治家の個人的見解が、法律として承認されることはないだろう。

ルソーは、人々が徒党を組むことを認めなかったので、代議制も認めなかった。代表者の集団としての議会が一つの徒党になってしまい、市民全体の一般意思からズレた法案が可決される恐れがあるからである。ルソーの主張は、言ってみれば、法案を常に国民投票にかけるべし、ということだ。

思考力には個人差がある

しかし、「何でも国民投票」が必ずしも得策でないことは、すでに述べた。教育水準が高まれば、一般市民の大多数が判断に必要な情報を持っている事柄は増えるとはいえ、社会にまつわるおよそすべての問題について、全員が深い関心を持ち、少なくとも平均して五〇％を超える確率で正解を判断できるようになる、というのはいささか楽観的である。共同体の規模が小さく、メンバーの連帯が強固な場合には、それぞれの関心事も重なるだろうし、取り決めておくべき法律も少なくて済むだろうが、現実のわれわれは人口一億人以上の国に住んでいる。世界のあり方をゼロから設計できない以上、その現実を前提として、排外主義や全体主義や多数派の専制に陥らない民主主義のあり方を探っていくほかない。

さらに、全体主義による戦争を経験したわれわれとしては、多数意見が常に「正しい」とは限らないことも、わきまえておかなくてはならない。つまり、いささかやっかいなことに、「自分のほうが正しく、他の全員が間違っている」ということは、数学の場合だけでなく、政治的な判断においても、ときに実際にあるのだ。

たとえば、いまにしてみれば「国力や兵力が何倍もある国と戦争したら、負ける」というのは、ほとんど自明な判断だと思われるが、どういうわけか戦前の日本の大多数の人たちはそう判断せず、アメリカとの開戦を支持したのであった。

アメリカの国力や兵力についての正しい情報が提供されていたら、多くの人は反対しただろうか。個々人が誰とも相談せずに、賛成を強要されたりせずに投票したら、アメリカとの開戦は否定されただろうか。ひょっとしたらそうかもしれない。

しかし、当時の政治体制や時代状況をさておいたとしても、「正しい情報」はそんなに簡単に得られるものではないし、意見や価値判断抜きの「純粋に客観的な情報」などというものが存在するとも思えない。たとえば、「アメリカに関するすべての情報」など、ほぼ無限になってしまうから、当面必要と思われる情報のみを取捨選択しなければならないが、その取捨選択には、どうしてもある種の価値判断が入りこむだろう。法案の提出者が、法案の可決に都合のよい情報だけを提供することは十分にありうる。そうでなくても、一国の「国力」を計算するときに、何を計算に入れ、何を計算に入れないかという判断によって、結果が異なってくることもある。[59]

しかも、人は必ずしも理性的に行動を選択するのでなく、ときに感情にまかせて行動することもある。「敵か味方か」のナショナリズムが高揚した結果、負けると分かっていても戦うことを選択する人たちが多数を占めることさえ考えられる。そうしたとき、多くの人たちは、判断に関係する重要情報として「アメリカの国力や兵力」を選択せず、「アメリカによる日本への敵対行為」だけがクローズアップされることになる。感情が情報の選択における価値判断に影響するのである。

ルソーは、「多数派の専制」が起こるのは、個々人が全体の利益ではなく自分だけの利益を実現しようとするからだ、と考えたが、民主主義的共同体の現実形態である国民国家では、ナショナリズムが自分たちの首を絞める選択をもたらす可能性がある。デモクラシー（大衆の支配）は、「感情の支配」になる危険性がある、ということである。

また、個々人は議会以外の生活もしていて、そこで情報交換や意見交換もするだろうから、他人の意見にまったく影響されないということもありえない。徒党を組ませないために、一般市民や議員が常に誰ともおしゃべりしないように規制するなど、本末転倒だろう。

それに、各人が理性を共有している、つまり各人の論理的思考力に差がないという想定にも、かなり無理があると言わざるをえない。先ほど、「数学の問題であれば誰が解いても同じ答えが出る」と書いたが、現実に数学ができない人は存在しており、そういう人は私には容易に解ける問題が解けない。解き方を教えてあげても、なかなか理解できない人もいる。数学の論理は普遍的だが、各人が実際にその論理を習得しているかどうかはまた別の問題なのだ。高度な問題になれば、（私も含めて）一般の人がそれに正解する確率は平均して五〇％を大きく下回るどころか、限りなくゼロに近づくことになるだろう。そもそも、何が問題なのかを理解することさえ困難である。

とはいえ、おそらく数学のできない人は、自分は数学ができないことや、数学者が自分よりずっと数学ができることを自覚しているだろう。しかし、ある法が妥当かどうかを判断する論理が、数学のように普遍的かどうかは定かではない。そこで、実際にはそうした論理にもとづく思考力をあまり持っていない人が、そのことを受け入れず、「自分のほうが正しく、他の全員が間違っている」とうそぶいたり、自分よりずっと知識があるに違いない専門家に向かって「俺たちのほうがよく分かっている」と言い放ったり、といったことさえ起こりうる。

要するに、実際のところ各人の論理的思考能力には差があり、どんな問題についてであれ一般の人が平均して五〇%を超える確率で正解を出せる、とは限らないのである。非常に優秀な人が、周りの全員に反して一人だけ正しい答えを見つけ出す場合もあるだろうが、自分の思考能力が劣っていることを受け入れられない人が、正しい判断をしている人に向かって「お前のほうが間違っている」と言い放つこともある。その人が天才なのか傲慢なのかは、容易に判定しがたい。

このように考えてくると、多数派の専制を防ぐためのルソーの方法は、いささか楽観的で非現実的なところがあると言わざるをえない。たとえ、すべての人が理性を共有しているとしても、彼らが「何らの価値判断も含まない純粋に客観的な情報」を得ることも、「まったく徒党を組まない」ことも、実現はほぼ不可能である。[60] 多くの人が感情に駆られて重要情報を見落とし、誤った結論を支持することもありうる。あるいは、たとえ「客観的な情報」が得られたとしても、現実には各人の論理的思考能力には差があり、どんな問題についてであれ一般の人の正解率が平均して五〇%を超える、とは限らない。

こうした現実を踏まえつつ、より妥当な判断を下すためには、対話による合意形成が重要だ、というのが私の主張である。ルソーは、誰とも相談せずに投票せよ、と言うが、私は、十分相談したうえで、合意形成が取れたかどうかを確認するために投票すべきだ、と言いたい。

思考力は対話の中で育つ

総合的に見て、ルソーの主張には耳を傾ける価値がある。いやしくも民主主義国において政治家を志す人間は、全員、彼の『社会契約論』を熟読して民主主義の理念を理解しておく義務（デューティ）がある、と言っても言いすぎではないと思う。しかし、私は、ルソーが一般市民の多数決によって妥当な判断が出せると考えており、そのための前提として、情報は価値中立的であると考えているらしい点、各人が十分な論理的思考力を共有していることを、いささか無造作に前提としている点については、同意しがたい。

「各人が、誰とも相談することなく自分一人で熟考して結論を出すべし」とルソーは言う。素朴な国家では「新しい法律を、最初に提出する人は、すべての人々が、すでに感じていたことを、口に出すだけだ」（『社会契約論』岩波文庫版、一四四頁）。それゆえ、議会で論争が起こるのは、国家が一体感を失って衰退に向かっている証拠である、と言う。

しかし、人が論理的思考力を身につけるのは、人に相談し、論争し、対話することによってである。ある法案の可否について十分な判断材料を持っていないときには、議会で討議し、さまざまな立場からの意見を聞くことで、「自分なりの判断」も形成されていく。その過程で、自分の思考の至らなさに気づくこともあるだろう。

このように考えてきたことで、ようやく、「民主主義の本質は多数決でなく、すべての人が対等な立場で自分の意見を根拠づけて主張し、討議し、お互いに納得できる合意点を探るところにある」という、民主主義についての私の最初の定義に到達することになった。

日常生活における思考の特徴

ところで、これまで「論理的思考」という言葉をやや無造作に使ってきたが、それは具体的にどのように思考することだろうか。[61]

ここまでの議論では、論理的思考の一つの典型として、数学を挙げてきた。数学においては、演算規則が明確に定められており、ある式を変形すればどうなるかは一義的に決まる。ある問題の答えが出たとき、それが正しいか否かは、式が正しい変形プロセスをたどってきたかどうかで確認できる。誰もが数学者になれるわけではないが、基本的な部分については、ほとんどの人が練習することで習得可能である。そして、近代の論理学は、数学をモデルとして定式化、さらには記号化されてきた。

「論理」をそのようなものと考えると、論理的な思考を習得するために必要なことは、誰かれかまわず対話することではなく、正しい論理学を知っている人に学ぶことだと思われるかもしれない。そして、すでにはっきり定まっている推論規則を習得するために、練習問題を解くことが、論理の習得に必要なのだと思われるかもしれない。

しかし、われわれ自身を振り返ってみれば明らかなように、「ある法が妥当なものか否かを判定する論理」は、そのようなものではない。ここでは、より一般的に、数学的論理と対比されるような「人間の日常生活における論理的思考」(以下、「日常的思考」と書く)について考えてみたい。

まず言えることは、そうした思考は、「情報の入力→論理的演算→出力」といった、コンピュータのような単純な構造になってはいないということである。日常的思考において、「論理的演算」に相当するような推論過程は、規則に従って式なり文なりを変形していくことではなく、日常世界における価値判断や因果関係を含みこんだ形で進められる。

大変卑近な例だが、たとえば「雨が降った。だから、傘を差そう」という判断を取り上げてみよう。これは、「一と一を足すと、二になる」というのとほとんど同様の、自明の推論のように思われるが、考えてみれば、「傘を差すこと」は、「雨が降ること」からの唯一の帰結ではない。外出をやめてもよいし、何もせずに濡れていてもいい。あるいは、崖が崩れたり、渇水が解消されたりといったことも起こりうるだろう。そうした多様な選択肢や帰結の中から、「傘を差す」ということだけが選択されている。

われわれは「雨が降った。だから、傘を差そう」と思うときに、こうした選択をしたことさえ意識せずに、ほとんど自動的にこのように考える。しかし、「風が吹いたら遅刻して、雨が降ったらお休み」が当たり前の社会なら、このような判断をする人はいないだろう（そうした社会で傘が発明されるかどうかも疑わしい）。つまり、われわれがこの判断を自明のものだと考えるのは、われわれの社会では、雨が降っても仕事や用事をこなすために外出しなくてはならない場合がある、ということを学んでいるからなのだ。

このように、われわれは、さまざまな具体的な事象について学ぶことで、いわば「われわれの世界の構造」を学び、それに即した仕方で推論し判断することを学んでいく。情報と演算と出力が明確に切り分けられるのではなく、ある事象と別の事象との連鎖関係や、ある状況に対する妥当な行動、さまざまなものごとの間の優先関係などが個別に学ばれていき、その集積が日常的思考を構成しているのである。このことは、われわれが「○○だから、××だ」と判断するたびに、そこでの「だから」がどうして成り立っているのかを立ち止まって考えてみれば明らかだろう。われわれは日常生活において、数学的な、あるいは論理学的な必然性に従って考えていることなど、ほとんどないと言っても過言ではない。

それゆえに、われわれが「正しい判断や結論だ」と思うことの中には、論理学的に見て、あるいは科学的に見て、間違っているものがたくさん含まれることにもなる。われわれの思考に含まれるそうした「バイアス（偏り）」については、後ほど具体的に例を挙げて検討する（216‐221頁）。

といっても、「各人の考え方は、社会や文化によって完全に規定されている」などと言ったら、言いすぎである。われわれは、社会のあり方やそこで流通している価値観を無造作に刷りこまれるわけではなく、「自分にとって好ましいもの」、「正しいと感じられるもの」を選び取っているからである。それゆえに、全体としてその人らしい考え方や価値観といったものが形成されていく。

もちろん、たいていの場合、人は自分で新たな物の見方や価値観を創造することはできず、既存のものを選択するだけのことが多いので、「その人らしさ」は千差万別というよりは、社会的に許容可能な範囲内での変異に収まる。そこから意図的に逸脱する人は、「個性的」というよりは「反社会的」として、場合によっては処罰の対象になる。意図せずして逸脱してしまう人は、「病気」として治療の対象になる。

多面的な見方ができないと、思わぬ副作用に苦しめられる

日常的な思考とはこのようなものであるから、これまでに学んできた知識によって思考力は鍛えられていく。知識とは単なる情報でなく、自分自身のあり方に変化を及ぼすものだ。何が変化するかというと、端的に言って、多面的な物の見方ができるようになっていくので

ある。

他方、演算装置やソフトウェアは、処理すべき情報の影響を受けて変化することはない。だから、コンピュータは、情報をいくら処理しても賢明になっていくことはない。「学習機能」のあるソフトウェアもあるが、それは、蓄積してきたデータからパターンを抽出することで、最適な出力を出す確率を高めていくのである。学習によって、これまでとは別の処理方法ができるようになるわけではない。人間が知識を得ることで賢明になっていく、というのとは異なる。人間は、学習することで、考え方そのものが変化していくのである。

多面的な物の見方が重要であるのは、思考の対象となるもの、すなわち現実の社会に起こる事象自体が、さまざまなことと連関しており、さまざまな側面から考察することができるからである。そうした複雑なものごとを、一面的な見方からのみ理解し、それによって対応を考えれば、大きな誤りに陥る可能性がある。

たとえば、日本において「少子化」が問題とされて久しいが、少子化とは単に「女性が子どもを生まない」という、医学的ないし生物学的現象として説明しつくされるものではない。日本では教育費をはじめ子どもを育てる費用が高いとか、働いている間に子どもを預かってくれる施設が不足しているといった社会福祉の問題としても考えられるし、そうした施設を設置するうえでの規制を定めた法律上の問題としても考えられる。

またもちろん、近年の経済構造の変化のために、非正規雇用が増えていて男女ともに収入が低い人が増えているという経済学的問題、女性が出産すると仕事を辞めざるをえない場合が多いといった社会学的問題も関係している。子どもが減るとどうして問題なのか、という根本的なことを考えるには経済学だけでなく哲学や倫理学も必要だし、逆に人口が増えすぎると地球環境に悪影響があるのではないかと考えれば、エコロジー（生態学）的な観点からの考察も必要だ。[62]

にもかかわらず、単に「女性が若いうちに子どもを生めばよい」とだけ考えて、妊娠や出産について啓発する手帳を作って女性に配布してみても、おそらく出生率にはほとんど何の影響ももたらさないだけでなく、女性たちからの反発を買うことにもなるだろう。[63]

大学では医学、生物学、社会学、法律学、経済学、哲学や倫理学、生態学といったさまざまな学問が研究教育されているが、これらはそれぞれに、この世界の現象を解釈し理解するための見方を持っている。同じ現象についても、それぞれの学問が研究する視点が異なるので、それらの成果を俯瞰すれば、一つの現象の多くの側面や、他の現象との関連性などが見てとれるのである。

そして、何か社会問題が起こったときに、一つの問題をなるべく多くの側面から理解し、考察することで、より副作用の少ない対応を考えることができる。逆に、一面的な見方で対応を考えると、望ましい結果が得られないばかりか、意外な弊害が噴出することが多い。昨今、「決められる政治」などという言葉が肯定的に使われるように、ものごとに即断即決で対応するのが望ましいと思う人が多いようだが、即断即決ではうまくいかないことのほうが多いのである。いま、少子化の例を挙げたが、他にもいくつか例を挙げてみよう。

たとえば、「アメリカやイギリスのように、政権交代可能な二大政党制に」という目的で一九九四年に導入された小選挙区制は、二〇〇九年に、たしかに政権交代を実現したものの、選挙に勝つために集まった寄り合い所帯の民主党は一貫した政策を実行できず、一般市民の政治不信と投票率低下、さらには自民党の「一党独裁」を招いた。

それまでは内部に多数の「派閥」を抱えこんでいた自民党自体も、独裁的な「トップダウン体制」に変質して、均質化が進んだ。従来の中選挙区制では、自民党は一選挙区に複数の立候補者を立てて、その政策を競わせていたため、党内に多様性が育つ余地があったのだが、小選挙区制になって、一選挙区に一人しか立候補者を公認しなくなった。そのため、候補者は、党の公認を得るために、党の意向を受け入れることを余儀なくされたからである。

また、たとえば、科学研究の充実を目的として一九九〇年代に進められた「大学院重点化」や「ポストドクター等一万人支援計画」の結果、大学院博士課程に進学する若者や非正規雇用の研究職に就く若者が増えたが、彼らの最終的な就職先が十分に確保されなかったため、多くが「高学歴ワーキングプア」と呼ばれるような状態に陥っている。しかも同時期に奨学金の返還特別免除制度が廃止されたので、[64] 博士課程修了時には奨学金のために数百万円の借金を負うことが普通になっている。こうした状況が知れわたったこともあり、近年では研究者を目指す若者は減少している。[65]

さらに、たとえば、司法制度改革審議会は「司法制度の機能強化」を掲げて法曹人口の増加や法科大学院の設置を勧告する意見書を提出した（二〇〇一年）[66]。その結果、司法試験の合格者が増やされ、弁護士資格を取る人が増えたが、弁護士の需要はそれほど増えなかったため、就職できない弁護士、就職しても低収入の弁護士が多くなった。昨今では司法試験の合格者が削減され、受験生を集められない法科大学院の募集停止が相次いでいる。

このように、ある政策目標を短期間で実現しようとして、直接的な関係が見やすいことだけを急激に操作すると、もともとの目標だった社会問題の改善が十分に実現されないばかりか、かえって弊害が噴出するのである。

もちろん、これらの政策は、一部の政治家が独断で決めたわけではなく、関連する分野の専門家や有識者、官僚が十分に検討して立案したのだろう。たとえば、司法制度改革審議会は、意見書を出すまでに六〇回を超える会議を重ねたそうである。しかし、委員の名簿を見ると、財界代表、労働組合代表、作家が加わっているものの、法律関係者（法学部教員、弁護士、元裁判官、元検察官）が多数を占めている。[67]

ある分野の専門家は、自分の専門についてはよく知っているが、必ずしも多面的な見方ができるとは限らない。しかも、専門家はその分野に利害関係があるし、それまでのやり方や慣習に染まっており、従来のやり方を変えたがらないことも多い。その分野の問題点を洗い出して改善策を立案するときには、その分野の研究対象を、別の視点から研究している人たちも入れることが必要なのである。法律についてであれば、法律学や法の実務の人たちだけでなく、たとえば法社会学者や法哲学者、自白の研究をしている心理学者などが入れば、会議に参加する人たち自身もお互いに思考力を鍛えることができ、会議はより有効な見解に到達することができる可能性が高まるのではないかと思われる。[68]

政策の決定には財界代表以外の有識者も加えるべき

もちろん、「多様な視点を入れる」という観点から、財界代表その他の委員が、司法制度改革審議会のメンバーに入っていたのだろう。政府の審議会には、経済関係のみならず、司法制度改革であれ教育制度改革であれ、どんな問題を審議するにせよ、その分野の専門家に加えて、財界代表が多数参加するのが普通になっている。それはそれでかまわないのだが、財界人がその分野について詳しい知識を持っているとは限らない。深い知識なしに述べた意見は、単なる「思いつき」にすぎないことが多い。多様な視点を入れるには、きちんと視点を持っている人を入れなくてはならない。

おそらく、優れた経営者は、会社経営に関して、事象間の連鎖関係や、ある状況に対する妥当な行動、ものごとの優先順位などを経験によって蓄積しており、会社を取り巻く状況を見れば、ほとんど反射的にどうすればよいかが分かるのだろう。私も一応、哲学研究者の端くれなので、哲学の論文に関してなら、一読してどこに見るべき点があって何が足りないか、そこをどう書き直したらよいかが、ほとんど反射的に分かる。ある分野についての経験を積めば、その分野に関する判断力や評価能力は高まるのである。

しかし、そうした能力は、個別的な事例の集積から無意識のうちに抽出されたパターンとして身についているので、他の分野に応用できるとは限らない。私は哲学の論文の評価はできるが、会社の経営に関してはほとんど何も分からない。逆に、経営者に哲学論文を読ませても、評価できないに違いない。

政府の審議会の議事録は、ほぼすべてウェブで公表されており、私はその中でも教育関係の審議会の議事録はかなりマメに読んでいるつもりである。それを見ると、財界代表の発言は、「近年、いじめが悪化している」とか、「教育委員会は無責任体制だ」など、教育学や社会学の観点からは必ずしも断定できないようなことを平気で断言し、「では、対策を」という話になっていくことが多い。非常に素人くさい議論である。

会社の経営における決断は、多方面からものごとを見たうえで慎重に論理的思考を積み重ねるよりは、ケインズの言う「アニマルスピリット（動物的な衝動）」にもとづくことが多いのではないかと思われる。[69] 経営学者の高橋伸夫は、著書『組織力』（ちくま新書、二〇一〇年）の冒頭で、「人生は、勢いでしか決められない『重大な意思決定』と、熟慮にもとづいた『つまらない意思決定』とで彩られている」と書き、会社における重大な決定は「勢い」で下され、合理的な説明は後からつけられる、と論じている。

会社の経営なら、それでよい。誤った判断は収益の悪化など、経営者本人にとって大きな利害関係のある形で跳ね返ってくるから、誤りはすぐに認識され、修正が図られるだろう。しかし、国の政策であれば、そうした分かりやすい形で結果が本人に返ってくるとは限らない。むしろ政策の欠陥は、高学歴ワーキングプアに陥った若手研究者や低収入の若手弁護士など、政策に乗った人たち、あるいは巻きこまれた立場の弱い人たちに集中して現れることが多い。政策決定にかかわった政治家、官僚、研究者、財界人が被害を受けることはまずなく、責任を問われることさえ、ほとんどない。それゆえにこそ、勢いにまかせて即断即決することは避け、熟慮にもとづいて決定し、その結果は十分に調査して、欠陥が現れたようなら、その原因を検討して政策を修正していくことが重要なのである。

私は、どんな問題を扱う審議会であれ、そこに他分野の有識者を入れることには賛成だが、それがたいてい財界代表で占められていることには問題があると思っている。多様な視点を確保するためには、その審議会で扱う問題を研究している複数の学問分野の研究者を加えるほうがよい、というのが私の考えである。先に、法律については、法律学者に加えて法社会学者や法哲学者、自白の研究をしている心理学者など、という例を挙げた。そのほかの例も挙げるなら、経済政策であれば、経済学者だけでなく、財政学や社会学や社会福祉の専門家なども入って考える必要がある。

昨今の不況の大きな原因は、個人消費の低迷だが、人々が消費せず貯金するのは、インフレかデフレかはほとんど関係なく、社会保障、とくに年金への不安に対する自己防衛だろう。そう考えると、経済学者が考えるような金融緩和や企業の規制緩和は的の外れた対策で、社会保障の充実こそが適切な対応だと思われる。

いささか話が大きくなってしまったので、「私は国の政策を立案するような立場にないから関係ない」と思われるかもしれないが、普通の人たちの日常生活においても、事態を理解して仲間と一緒に対応を考える場面は多々あるはずである。会社の企画会議、大学のサークルで大学祭の出し物を検討するとき、小中高校でホームルームを開くとき、家を買うかどうかを家族で検討するとき、などなど。

もちろん、そうした場面で判断を誤ったとしても、巻きこまれて被害を受ける人はそれほどいないので、誰かが「勢い」で言い出したことに異論がなければ、そのまま進めてもよい。しかし、メンバーがそれぞれの知識をもとに意見を出して対話することで、より妥当な結論が得られるかもしれないし、メンバーは、そうした対話をつうじて多面的な見方を身につけ、思考力を鍛えることができるだろう。

多面的な見方を身につけるためには、普段からさまざまな分野の人たちと交流してその意見を聞き、あるいはさまざまな主題の本を読んで知見を広げておくことも重要である。そうした知識の集積が、多面的な見方と判断力を育ててくれる。また、学者にしても、自分の専門分野にこもるのではなく、同じ対象を別の視点から研究している学問についても、なるべく広く学んでおくことで、自分の研究に対して新たなひらめきが得られることも多々あるのではないかと思う。

多面的な見方ができると、感情にとらわれにくい

多面的な見方ができる人は、感情にとらわれにくい人でもある。

先に述べたように、戦前の日本人は、ナショナリズムに駆られ、「アメリカによる日本への敵対行為」に憤って、「アメリカの国力や兵力」を十分考慮せずに、開戦を支持してしまった。また、生活保護の不正受給に憤った「ネトウヨ」諸氏が「生活保護バッシング」を展開し、それが国会議員などにも一定の共感を得た結果、生活保護の切り下げが行われてしまった。

このように、感情、とくに怒りの感情に駆られて決断すると、有害な結果となることが多い。しかも、怒っている人は、一面的な見方にとらわれて多面的な見方や意見を遮断するだけでなく、いさめようとする人に八つ当たりすることさえある。

といっても、感情は単に抑圧すべきものではない。不正に対する怒りは、社会正義を実現する動機となるからである。また、困っている人に対して何かせずにはいられない気持ちが、社会保障制度を支える。つまり、感情は功利主義的な利害計算を度外視して、社会や他人の

ための行動を動機づけるのである。つまり、これらの感情は人間的な倫理の基礎になるということである（詳しくは第4章で論じる）。

個人的な事柄に目を向けると、喜びや楽しみも感情であるから、人生に目標や張り合いを与えてくれるものも感情なのである。したがって、たとえ怒りのようなネガティブな感情であってもやみくもに抑圧すべきではなく、いわば「正しく怒る」ことが必要なのだ。

では感情とどのように付きあうのが「正しい」のか。ここでも重要なのは、多面的な見方である。たとえば、凶悪犯罪の報道を見聞きして憤るのはある意味、人間として当然のことである。視聴者は、被害者に同情することで、加害者に怒りを向ける。しかし、そのとき、加害者側の事情や、犯罪を誘発した社会状況にも目を向けることで、加害者に対する同情の念を持つこともありうる。また社会状況のほうに憤ることもありうる。このように、状況を多面的に捉えることで、加害者への一面的な怒りに駆られることなく、比較的冷静に対応を考えることもできるようになるのだ。

生活保護制度について多面的に見てみる

そうは言っても、自分一人で考えていては、自分の物の見方から抜け出せず、自分の物の見方に関連する情報しか集めようとしないことが多い。心理学で言うところの「確証バイアス」である。たとえば、生活保護受給者に対して批判的な見解を持っている人は、自分の見解を補強するような事例ばかりを集める傾向がある。そして、不正受給事件の報道ばかりを集めて読んでいると、生活保護受給者のほとんどが不正受給をしているかのような錯覚が生じ、もともとの見解がどんどん増強されてしまう。「どうすれば不正受給は防げるのか」といったことばかり考えてしまい、「審査を厳格にすべきだ」とか、「受給者が日常生活で無駄遣いをしていないか監視すべきだ」などといったことさえ主張したりする。不正受給の実態を客観的に考えるためには、不正受給していない人がどれぐらいいるのかという、自分の見解に対する「反証例」を検討しなくてはならないにもかかわらず、自分の見解に対して不都合な事例にはなかなか目が行かないのだ。

だからこそ、自分とは違う見方を持っている人と対話することが必要になる。自分自身では気づけなかったことでも、人から聞いて「なるほど」と納得することは、われわれの生活の中でも実に多い。人は、怒りに駆られると多面的な見方を遮断してしまいがちだが、怒りが収まってから、自分の怒りが一面的なものだったことを知るという経験を重ねているうちに、ある状況に対して感情を感じると同時に、「他の見方や立場はないか」と考えることができるようになるはずである。

楽観的だと思われるかもしれないが、重要なことは、そうすることが良いことだと納得して、そうしようと努力することである。「そんなことは無理だ」と決めつけてしまうと努力せず、決してできるようにならない。

そこで、生活保護の不正受給について、少しばかり多面的に見てみよう。まず、生活保護費全体に占める不正受給は〇・五%程度しかなく、しかも「不正」の大部分は「詐取」ではなくて「稼働収入の無申告」だというのが実態である。[70] 現在の生活保護制度では、保護を受けている人が勤労収入を得た場合、その額に応じて支給額が減額されるので、勤労収入を申告しないと、減額されるはずだった部分が「不正受給」となるのである。「無申告」は、詐取と違って必ずしも強い悪意にもとづくものではなく、なかには単に「うっかり」という場合もあるだろう。

また、生活保護制度の趣旨は、怠惰な貧乏人への「お恵み」や「お情け」ではなく、生存権を定めた憲法第二五条にもとづく政府の義務である。ここまでの議論から明らかなように、「すべて国民は、健康で文化的な最低限度の生活を営む権利を有する。国は、すべての生活部面について、社会福祉、社会保障及び公衆衛生の向上及び増進に努めなければならない」という憲法第二五条は、まさしく民主的な共同体の本来の設立目的をうたったものである（なお、ここでの「国民」は「ピープル」の意味）。

「詐取でも無申告でも、不正は不正だ」と思われるかもしれないが、無申告が違反なのは、申告を義務づける制度になっているからだ。つまり、「詐取」は悪だとしても、「無申告」は、純然たる悪というよりは、単に「手続き上の違反」なのである。そして、なぜ申告が義務づけられるのかというと、現行の生活保護制度では、手当の支給の対象者を、所得額によって選別するからである。

「そんなことは当たり前だ。誰にでも支給するわけにいかないだろう」と思われるかもしれないが、北欧諸国では、所得額による選別を行わず、無職[71]や身体障害など、ある条件に当てはまる人には、誰にでも手当を給付する制度を取っている。手当の種類も豊富だ。こうした制度であれば、所得の申告が義務づけられないので、無申告が「不正」になることはない。

日本のように、手当の給付対象者を所得によって選別する制度には、人々を所得格差によって分断し、保護を受ける人々に対する非難を喚起しがちだという大きな欠陥がある。こうした制度では、高所得層は税金を払っても、一方的に低所得層を援助するだけになり、自分自身にとってのメリットが見えなくなるからである。そのために、税金を払うことに対する嫌悪感（いわゆる「租税抵抗」）が増大する。こうした感情の広がりは、国の財政にとっても致命的である。はっきり言ってしまえば、現在の日本の財政赤字は、多くの市民に税金への嫌悪感と政府への不信感が広がっていることに根本的な原因がある。

北欧諸国のように、所得額による選別を行わなければ、所得格差による分断が起こることはない。北欧諸国で高額の税金が社会的に受け入れられているのは、こうした社会保障制度の設計のおかげとも言える。

「誰にでも給付していたら、お金がかかりすぎる」と思われるかもしれないが、驚くべきことに、日本のような選別型の制度は、一見すると合理的効率的に見えて、実は北欧型の普遍的な給付制度と比べて、所得格差の解消という社会保障本来の目的を達成する効率が低い、という研究データがあるのである。[72]

自分だけで考えていては、ほぼ絶対にこうした見方に至ることはないだろう。それを知っている人から聞く、あるいはそれについて書いてある本を読む、といったことが必要である。そして、一度こうした見方を知れば、考えるべきことは、不正受給者の発見と処罰の方法ではなく、社会保障制度全体のデザインではないか、ということにも気づけることだろう。

付言すると、日本は世界の主要国の中で、もっとも税金の安い国の一つである。次頁の図のとおり、日本の租税負担率（国民所得に対する税金の比率）は二三・二％で、アメリカ合衆国の二三・七％を下回り、日本より低いのはスロヴァキアとメキシコだけである。「社会保険料」の負担を加えると三三か国中下から七番目だが、それでも低い部類である。[73]

なぜそうなったのかというと、高度成長期、経済成長による税収増を、減税という形で納税者に還元したからである。その結果、北欧諸国などでは税収をもとに国が提供したさまざまなサービスを、日本では市民が自分で購入する形になった。また、国ではなく企業が住居手当や社宅など生活関連の手当を支給するという、世界的に見て珍しい制度が成立した。[74]おかげで、日本は主要国の中でもっとも公務員の少ない国にもなった。[75]

現在の日本が直面するさまざまな問題は、こうした高度成長期に形成された諸制度が、低成長時代の税収減や企業業績の低下によって維持できなくなりつつある点に根本的な原因が

OECD諸国の国民負担率（対国民所得比・2012年）

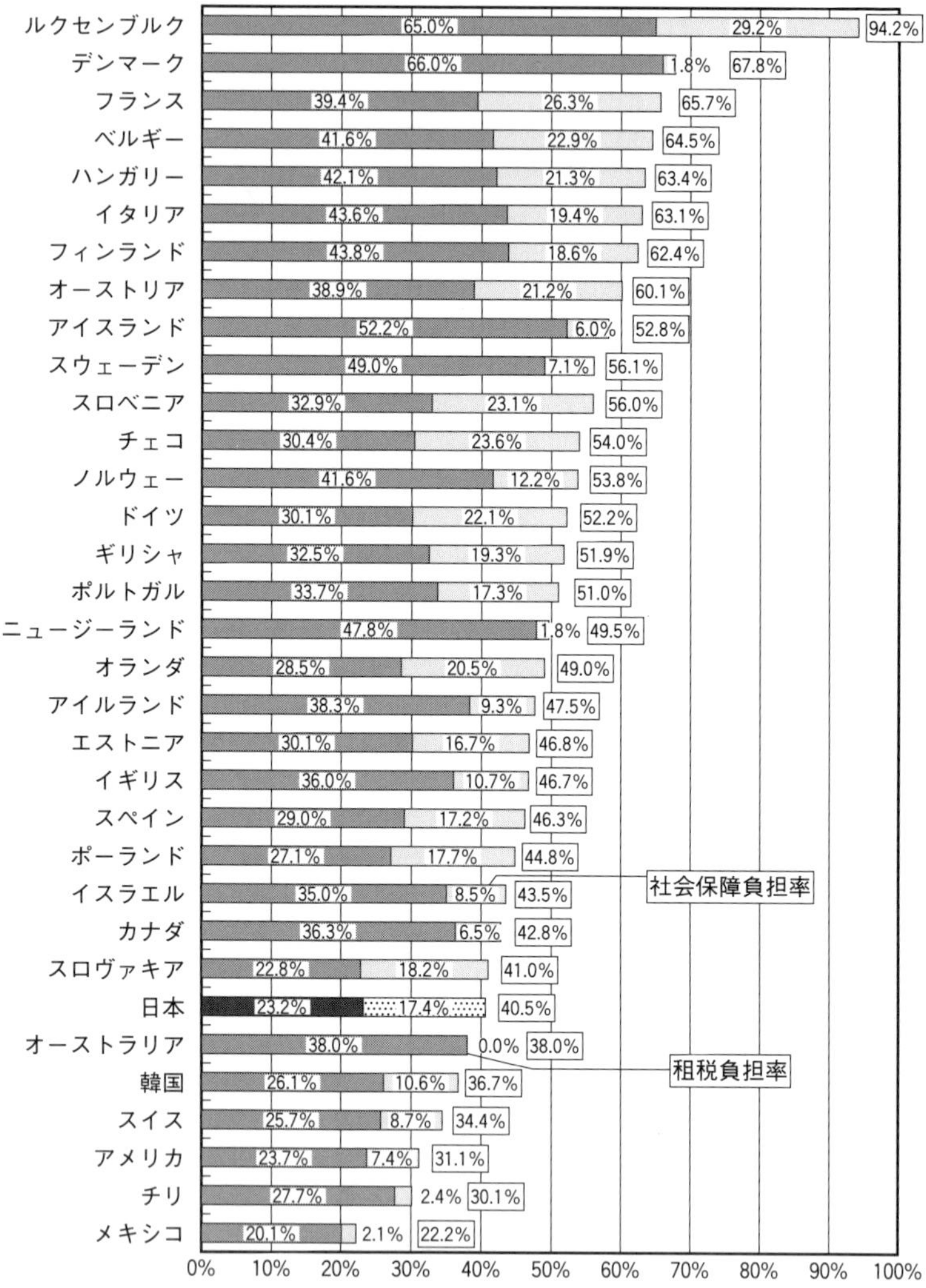

出典：財務省ウェブサイト「OECD諸国の国民負担率（対国民所得比）」
[https://www.mof.go.jp/tax_policy/summary/condition/238.htm]

ある。

こうした事実を知れば、やみくもに「歳出削減」や「公務員削減」を行っても、効果がないどころか、かえって事態が悪化するはずだと分かりそうなものなのに、現在の日本には、そうした主張をする政治家が多数を占めているのは、大変困ったことだ。

このように見てくると、生活保護制度に関して考えるべきことは、単に不正受給を抑制するなどという些末なことではなく、国家は何のために存在するのか、という根本的な問題だということになるだろう。社会契約論の思想では、共同体はメンバーの福祉のために設立されるのだった。これまでの日本政府は、そうした役割を十分に果たしてきたとは言いがたい。にもかかわらず、歳出削減とそれに伴って福祉の削減を進めるのは、国家としての存立目的を失わせるものと言ってもよいだろう。

現状を改善するためには、現状の大部分を温存したままの小手先の「改革」ではどうにもならず、これまでの国のあり方を多面的に捉えたうえで、制度疲労を起こしている部分を、普遍的な社会保障制度の構築という目的のために大きく作り直すことが必要なのである。もちろん、いきなり全体をいじるのは大変だし、失敗したときの影響が大きいので少しずつ進めていくのが望ましい。具体的には、少し増税して、普遍的な社会保障サービスを少し導入し、ということをくり返していくのがよいだろう。そうすることで、一般市民の政府に対する信頼も少しずつ高まっていく。しかし、そうした施策を進めていくにあたって、政策立案者は全体を見とおす視点を持ち、一つ一つ進めていく施策が全体の中でどういう影響を持つかを考える必要がある。

ここまでの話を聞いて、それでもまだ生活保護の不正受給者の発見と処罰が重要だ、という持論にゆるぎがない方がおられるだろうか。もしおられるとしたら、自分がなぜそこにこだわるのか、その理由を反省してみられるとよい。誰しもプライドがあるから、一度表明した意見を変えることには抵抗があるだろう。また、人間には、これまでの信念と矛盾する事実を知ると、これまでの信念に合致するように解釈して丸めこんでしまうという傾向がある。たとえば、「不正受給は〇・五％」と聞くと、「いや、きっと摘発されていない者がもっとたくさんいるはずだ」などと解釈する。社会心理学者のフェスティンガーが言うところの「認知的不協和」に対する、典型的な対応である[76]。

プライドも、人生にポジティブな意味を与えるために重要な感情の一つだが、「根拠なきプライド」には、異論に耳を傾けないという大きな弊害がある。多くの見方を知り、多くの知識を得たうえで、自分の実力を冷静に評価することで、異なる意見を聞いたぐらいで逆上するようなケチなものではない、確固としたプライドが得られるものである。

妥当な結論は、多数決ではなく対話によって見出される

話がやや多岐にわたったので、これまでの話をまとめておくと、日常的思考の論理とは、

われわれの社会における事象間の連鎖関係や、ある状況に対する妥当な行動、ものごとの優先順位などについての知識の集積である。知識の幅が広がるにつれて思考力は向上し、事象の一面に対する感情的反応に束縛されずに、比較的冷静に判断を下すことができるようになっていく。こうした思考力に完成形態はなく、われわれは常に他者から新たな見方を学ぶことで思考力を向上させていくことができるし、そうすることが望ましい。

このように考えると、ある法案が妥当なものかどうかを検討する場も、参加者全員の思考力向上の場であり、異なる意見との対話によって、より妥当な結論が見つけ出されることが期待される、ということになる。

ところで、民主主義の理念とは、他人と協力することで、一人で生きていくよりも安全で快適に生きていくことである。そのためには、自分たち自身で妥当なルールを決めていくことが必要なのであった。しかし、「自分たち自身で決める」といっても、無造作な多数決では、「多数派の専制」に陥る可能性がある。個々人がそれぞれ、自分の利益ではなく共同体全体の利益は何かを考えて投票するとしても、大部分の人が、一見して分かりやすい側面にしか気づかず、その側面に対する感情に従って判断した場合には、多数決で拙劣な結論が支持されることも往々にしてある。

ルソーは、個々人がそれぞれ誰とも相談せずに判断すべきだと言うが、もしも判断に先立って十分な対話が行われるならば、大部分の人が気づかない側面を見ることのできる人が、たとえ一人でもいれば、その見方が多くの人に納得され、受け入れられるかもしれない。そうした場合、対話と合意形成による判断のほうが、いきなり多数決を取るよりも妥当な結論を導くことができるはずである。

「民主主義は多数決ではなく、すべての人が対等な立場で自分の意見を根拠づけて主張し、討議し、お互いに納得できる合意点を探るところにある」と私が言うのは、そういう意味である。投票は、合意ができたかどうかを確認するために行うべきものである。どんなに議論を重ねても持論をまったく譲らない人もいるし、一つのことを決めるのに無限の時間をかけるわけにもいかないから、最終的に多数決に従うことはやむをえない場合もある。しかし、なるべく多面的な見方をして妥当な結論が見出されるように、対話の努力を重ねるのが、妥当な結論を見出すために必要なのである。

このような対話のプロセスによって、ある一人が周りの全員に反して一人だけ正しい答えを見つけ出したのか、その答えは単に思考能力が劣っていることを受け入れられない人の傲慢なのかを判定することもできることだろう（本人にそのことを納得させるのは、また別の大仕事だが）。

もちろん、現在の日本のように巨大な規模の国において、「すべての人」が議論に参加して合意することは、現実的に言って無理がある。そのために代議制が取られているのである。これまでの議論を受けて言うと、議員に選出されるべき人とは、多面的な見方ができて、一面的な感情にとらわれない思考ができる人、批判を適切に理解して、自分の主張に足りない点があれば柔軟に修正できる人、そうして対話の中で妥当な結論を見出していくことができる人、ということになるだろう。

われわれがそうした人を選べるように、候補者や政党が選挙の際に示す公約は、特定の地域や団体への利益供与の寄せ集めであってはならず、国家が存在する根本的な目的は何かという理念を掲げ、日本や世界の現状をどれぐらい多面的に見ているか、改善すべき点はその中でどのように位置づけられるかを示す、体系的なものでなくてはならない。他方、一般市民は最低限度、そうした公約を比較して、その人や政党が議員としてふさわしいかどうかを判断できる程度の思考力を身につけておく必要がある。

われわれは、議員を「妥当な結論を見つけ出すための対話を行う代表」として選出するのであって、全権を委任して好き勝手やらせるために選ぶのではない。われわれや議員がこのことを忘れると、ルソーの言うように、「一般市民は、選挙の期間だけ自由で、あとの期間は奴隷[77]」という状態に陥ってしまうのである。

大学は、多面的な見方を身につけるために存在する

「思考力に完成形態はなく、われわれは常に向上させていくことができる」と述べたが、言うまでもなく、そのためには不断の努力が必要である。また、実際問題として、人は似た

者同士で集まる傾向があるから、自分と異なった見方を持つ人が身の回りにいるとは限らない。その結果、多くの人は、思考力がそれほどなく、多面的な見方があまりできず、事象の一面にとらわれて感情で行動するという状態にとどまりがちかもしれない。そういう人たちばかりが集まっても、思考力の向上は望めない。

少なくとも国会議員には、多面的な見方ができて一面的な感情にとらわれない思考ができる人がなってしかるべきだが、昨今の国会の状況を見ていると、どうもそうではないらしい。むしろ、自分の一面的な見解を国会の場で批判されると、感情をむき出しにするような人が多く、そうした人たちが、状況の一側面に対する感情を共有することから徒党を組んで、強行採決をくり返している。

そこで決められたことと言えば、大学における異論を許さぬトップダウン体制づくりのほか、「財政再建」という一面的で短絡的な旗印のもとでの社会保障の切り下げ、その一方で大企業や富裕層優遇の税制改革、外国の脅威をあおっての安保法案などなどである。さらには、国民の権利を制限し義務を押しつける憲法改正まで狙っているという。「対等な立場での対話による合意形成」、「構成員の助けあい」、「多数派の専制の防止（特定の集団への利益誘導の防止）」といった民主主義思想の根幹を片端から否定している。

日本が民主主義的な共同体であるならば、緊急に対処すべきことは、これ以上自殺者や餓死者を出さないようにすること、年老いた肉親の介護に疲れ切った人が無理心中したりしないようにすること、経営に追い詰められた企業で労働者が死ぬまで働かされたりしないようにすることなどのはずだが、そうした面に対する対応は不十分なままである。これらの問題は経済が成長すれば解決する、という発想なのかもしれないが、たとえ経済が成長して企業の利潤が増えたとしても、一般の人たちにその果実が配分されないならば意味はない。経済も企業も人々のためにあるのであって、それ自身のためにあるのではないだろう。

多くの人たちは、これまでの日本の国のあり方が制度疲労を起こしており、将来にわたって安全で安心に暮らしていくためには、根本的な改善を図らなければならないことは自覚しているが、具体的にどこをどうすればよいのかは分からない、という状態なのだろう。政治家も、そうした不安感が広がっていることは認識しており、誰もかれも選挙の際には「改革」の旗印を掲げているが、近年進められてきた「改革」は、事態を改善させるものとは言いがたい。

そうした状況にあって、多面的な見方の重要さ、対話の重要さを、少しでも多くの人に広げていくことが必要だと、日々痛切に感じている。遠回りのようだが、多面的な見方ができて一面的な感情にとらわれない思考ができる人が育ち、そうした人が政治家として選ばれることが、日本が誰しも安心して生きていける国になるために必要だと考える。

そのために、どうすればよいのか。私はあまりに非力だが、大学は「自分と異なった見方を持つ人」と出会う機会を提供するためにこそ存在している、という点に希望を持っている。

先に、「憲法が教育に託している本質的役割は、民主主義社会を担う市民を育成することだ」と書いたが、具体的に何をすればよいのかというと、学生に、さまざまな見方を持つ専門家と接触させ、幅広いものの見方を身につけてもらうということである。

大学では、この世界の現象をさまざまな観点から解釈し、理解するための学問が研究教育されている。もちろん、そうした学問のすべてに習熟することは非現実的だ。大学在学中に実際に学べる知識や物の見方は、たかだか知れている。むしろ重要なことは、この世界について、これまで自分が思いつきもしなかったような多様な方向から、それぞれに深く研究されていることを知ることである。そして、実際に学んだいくつかの知識や見方をきっかけとして、自分の物の見方を自分で拡大していく必要性を自覚すること、そのための技術を身につけることである。

それぞれの学問には、その学問自身のあり方を批判するような問いが必ず含まれている。そうした批判をきっかけとして学問は進歩する。いわば、学問とは対話によって共有された知識を作っていく制度なのである。また、学問への批判は単なる思いつきでなされてはならず、必ずその学問におけるこれまでの成果自体を根拠として、内在的になされなくてはならない。複数の学問をそれぞれ極めることは困難だが、少なくとも一つの学問について学ぶことで、自己批判による進歩がいかなるものであるかを知ることができる。

こうした学問における技法は、先ほど述べたような「日常的思考の論理」の洗練されたものであって、明確に定められた規則に還元することは難しく、その学問における具体的な議論をたくさん知り、また教員と実際に対話することで、その集積として身についていくものである。それゆえ在学中に「完成形態」に至ることはない。しかし、最初はおぼろげにであれ、そういうものがあると知れば、少しずつであれ改善していくことができる。努力するためには、何を努力すべきかをまず自覚しなくてはならない。

要するに、大学における教育とは、学生に「すぐに役立つ知識のパッケージ」を教えこむことではなく、世の中は多様な見方から研究されていることを知らせ、対話による知識の共有の技術と、自分で学ぶための技術を身につけさせることである。少なくともそれらが身につけば、大学を卒業した後でも、ある事柄について一般に言われているのとは別の見方はないか、と考えることができるようになる。そして、別の見方から書かれた本を探し出して読むことで、自分の物の見方を拡大していくことができるようになる。このようにして、教員の助けを借りなくても、自分で学んでいくことができる。自分で自分の思考力を鍛えていくことができるのである。

そういうつもりで、私は大学の授業に立っている。大学の授業だけでは、それを伝えられる人数に限りがあるので、こうした本も書いて、大学を卒業した人にも多面的な思考の重要性を伝えたいと願っている。

5 民主主義とは対話である

この章では、民主主義とは何かという、一見すると「対話の技術」とは関係なさそうに思えることを、延々考えてきた。多くの人は、「民主主義とは多数決だ」と考えているが、実は、民主主義において本質的に重要なものは、対話なのである。ここまでの話を簡単にまとめておこう。

民主主義（デモクラシー）の語源は、「大衆の支配」を意味するギリシア語である。しかし、大衆は何を支配するのか。古代ギリシアのアテネでは、三権分立の思想はなかったので、市民は立法も行政も司法も、すべての国家権力の行使に直接参加した。

ルソーに代表される近代の民主主義思想では、市民が握るのは立法権であるとされた。実際問題として、市民が自分の仕事もこなしながら行政にかかわる実務を行うのは非現実的なので、行政はそれを専門とする集団に委託したほうが効率的である。そして、行政機関の構造や権限を法律で規定することで、行政権力は立法権力に従属する。

しかし、そもそも、なぜ共同体は必要なのか。それを考えたのが、ホッブズやロックに由来し、ルソーもその流れに位置する「社会契約論」である。この思想が登場した時代、国家機関（ステイト）は、王による支配のためのものであった。その支配権力は、「王権神授説」によって正当化されていた。社会契約論は、王権神授説を批判し、国家機関の支配権力は、被支配民の共通の福祉のために行使する限りにおいて正当化されると考えたのである。要するに、民主主義的な共同体の存立する目的は、構成員の福祉だということである。

ホッブズやロックは、王が被支配民の福祉を行う限りにおいて、その支配を容認したが、ルソーは、正当な支配権力は市民そのものに由来するという考えを徹底し、人民主権論を展開した。つまり、民主主義的な共同体の運営形態は、構成員が主体的に参加する形でなければならないという主張である。

では、何に参加するのかというと、共同体における法の制定である。そうした法は共同体全員による「一般意思」でなければならないが、それが「一般意思」であるのは、多数決によって決められるからではなく、論理的に考えて「共同体を設立し維持するために必要な条件」だからである。

とはいえ、実際問題として、多数派の人たちの個人的利益を増大させるための法律が、議会で可決されることはありうる。集団的な意思決定が「多数派の専制」に陥らないようにすることが、民主主義的共同体を運営するうえで大きな問題となる。

また、歴史的には、民主主義的な共同体は、ゼロから設計されたのではなく、既存の王の国家を作り変えることで、「国民国家」として形成されていった。民主主義が、空想上のものではなく現実的に出現するためには、ナショナリズムと表裏一体でなければならなかったのである。ナショナリズムは、排外主義や全体主義と紙一重だが、功利主義的な利害計算を度外視した助けあいを実現するという側面もある。

集団的な意思決定が「多数派の専制」に陥らないようにするために、ルソーは「個々人が誰にも相談せずに判断した結果を投票すればよい」と言うが、それでは「デモクラシー（大衆の支配）」ならぬ「感情の支配」になる恐れがある。私としては、個々人が十分に対話することで合意形成を図ることで、より妥当な結論を導くことができると考えている。そうした対話の過程によって、個々人は「日常的思考の論理」を鍛えていくこともできる。

また、対話に先立って、民主主義を支える一般市民は、普段から自分の思考力を鍛えるべく、努力する必要がある。民主主義とは、すべての市民が賢くなければならないという、無茶苦茶を要求する制度なのである。市民の中でも、十分な対話と勉強を重ねて、日常的思考の論理を十分に鍛えた人だけが、対話を行う代表としての議員にふさわしいことは、言うまでもない。

このように考えてくると、民主主義とは、一筋縄ではいかない、かなり危ういバランスの上に乗ったものだということが分かるだろう。

民主主義とは、多数決や選挙といった分かりやすい一つの判断基準によって理解できるものではない。歴史的な偶然と必然の流れの中で形成されてきた、複雑で繊細な構築物なのである。それは、ともすると対外的には排外主義に、内部的には全体主義に陥る。それを防ごうとして、個人の多様性を強調しすぎれば、共同体は解体してしまう。対話の中で、一人の賢者が他の全員に反して正しい見方を語ることもあるが、愚者が賢者の判断を愚弄することもある。ものごとの一側面に対する強い感情が共有された結果、全員一致で自分たちの首を絞める結論を支持することもある。対話がケンカになることも往々にしてあるだろう。対話しているうちに時間切れ、ということだってあるだろう。

そうした実態をよく自覚して、われわれはバランスを取りつつ、一人で生きていくよりも安全で安心な社会を目指して、対話を重ねていくほかないのである。

「やっぱりお花畑ちゃん」と思われるかもしれないし、自分でも相当楽観的だと思う。人は状況を認識すれば問題意識を共有することができ、建設的な対話ができると信じているからである。つまり、人は学ぶことができると信じている。

「それでは結局、ルソーと同じ理性主義ではないか。現実の世界の大部分は、理性ではなく感情や暴力（強制力）で動いている」と思われるかもしれない。もちろん、そのとおりである。そして、それでとくにトラブルなく動いている部分はそれでもよいが、何か意見の対立があったときに、感情と暴力で対応すると、意見の対立が人々の分断になり、後々に禍根を残すことになる。

「どんな場合でも、必ず理性的な対話によって解決しなければならない」というのは、たしかに非現実的である。しかし、全面的に実現するのが難しいから全然やらなくてよい、ということにはならない。少しずつでも対話による解決を広げていき、それが対話のできる人、幅広い知識を持って多面的な見方ができる人を育てていき、それがまた対話による解決を広げる、という循環が成り立つように努力していくべきだと考える。

しかし、そういう観点から昨今の日本社会を見ると、むしろ対話を阻むものが横行しているように思う。次章では、そうした対話を阻むものとしてまずは「人それぞれ」という言葉を検討し、対話は民主主義の基礎であるだけでなく、倫理の基礎となることを主張したい。

第3章

「正しさは人それぞれ」、なんてことはない

1 「正しさは人それぞれ」が横行している

いまから十年ぐらい前だったか、哲学倫理学の入門の授業で、カントの倫理思想を取り上げて、学生とディスカッションをしていたときのことである。カントは、ルソーの『社会契約論』を倫理学に応用し、「感情に従って行動するのではなく、普遍的な道徳法則に従って行動するのが倫理的である」と考えた。「普遍的な道徳法則」とは、ルソーの一般意思を焼き直したもので、要するに「論理的に考えて誰しもが従うはずの行動原則」である。たとえば、「人を殺してはいけない」とか「ウソをついてはいけない」などといったことである。

それで、そうした思想に対する学生の見解を聞いたところ、一人の学生がこう言った。「正しさは人それぞれなので、普遍的な正しさなど、ないのではないですか」。

いまなら、そう考える学生が大半なのを知っているので驚かないが、そのときはちょっと驚いた。「正しさ」というのは、言葉の意味からして「普遍的なもの（すべてのもの、ないし複数のものに当てはまるもの）」である。「好みは人それぞれ」なら分かるが、「正しさは人それぞれ」という表現は理解しがたい。「正しさ」が人それぞれで異なるなら、「正しさ」と「誤り」の区別がなくなってしまう。「1＋1＝3だと信じている人にとっては、1＋1＝3は正しい」などと言われたら、数学の先生は卒倒するだろう。もしそんな人がいるとしたら、「1＋1＝3が正しいと、誤って信じている」だけのことだ（もちろん、間違ったことを信じている人に、その間違いを理解させるのは大仕事ではあるが）。

そこで、私はこう言った。「正しさが人それぞれ、ということはないでしょう。倫理的な正しさであれ、論理的な正しさであれ、それが本当に普遍的かどうかは哲学的に議論があるが、正しさが人それぞれで異なるというのは、正しさという言葉の意味から考えておかしい」。すると、学生は答えた。「しかし、われわれの社会では人を殺せば悪ですが、戦争では人を殺してもよいということになりますよね」。

なるほど、そういう俗論が横行していることは、私も知っている。ただし、「正しさは人それぞれで異なる」ということと、「社会や歴史的状況によって異なる」ということは、まったく別である。

ルソーが言ったように、具体的にどのような事柄が「一般意思」なのかを明確にするには「異常なまでの才能」が必要であり、誰しもがあらかじめそれを認識しているわけではない。

民主主義的な価値観がいまだ十分に理解されず、普及していない社会は存在する。そうした価値観は「普遍的」と言われるが、「はじめから決まっていた」わけではなく、誰かが考え出し、多くの人がそれを共有していくプロセスが必要だった。

ルソーは、誰かが考えた一般意思は、論理的思考力を持っている人なら誰しもそれを一般意思だと認めると無造作に考えて、対話の必要性を考えなかった。私はその点に彼の思想の問題点があると考えて、前章ではそのことを論じてきた。

しかし、いずれにせよ、「正しさ」というからには、多くの人に共有されていることが必要であり、人それぞれで異なっているというのは、やはりおかしい。

そこで、とりあえず、「要するに君の主張は、正しさは社会や歴史的状況によって異なる、ということですか」と聞いたら、「そういうことになりますかね」と答えた。

しかし、いま「俗論」と言ったように、「戦争では人を殺してもよい」という命題は正しくない。「敵を殺してもよい」というなら、正しい。味方を殺す兵士や非戦闘員を殺す兵士は、戦時であれ容認されない。そして、これは、われわれの社会において、武器を持って襲ってきた相手に反撃して、その結果、相手を殺してしまったとしても、正当防衛の範囲だと認められれば罪にならないのと、基本的には同じことである。「戦争は何でもあり」ではなく、戦争には戦争の法（戦時国際法）があり、ルールが定められている。

もちろん、事実として、戦争において異常な残虐行為が行われることもある。また、戦争法に違反する残虐行為を処罰する超国家的な仕組みは、現在に至るまで十分に機能していないので、そうした行為が処罰されないこともある。しかし、「しばしば行われる」ということと、「やってもよい」ということは、別のことである。われわれの社会でも、異常に残虐な事件が起こることがあるが、だからといって、「やってもよい」とは誰も言わないだろう。また、ある犯罪者が処罰されるかどうかということと、その行為が犯罪かどうかということは関係がない。われわれの社会でも、警察の力及ばず殺人者が捕まらないことはあるが、だからといって、「殺人は罪でない」ということにはならない。

このように考えると、平和な社会と戦時とでは倫理的な正しさが異なる、というわけではなく、少なくとも基本的な枠組みは同じだと言える。大きな違いは、何が悪事かというルールの部分ではなく、悪事を働く者が多いか少ないか、悪事を働いたときに処罰される可能性が高いか低いかという、実際面ないし運用面にある。

倫理的正しさの文化相対性について考えてみると、われわれは、古代ギリシアの哲学者から倫理について学ぶことができる。他方、古代ギリシアの哲学者が物理について言ったことをもとに、物理学を学ぶことはできない。一般に、自然科学の知は普遍的で倫理学の知は文化相対的だ、と考えられているが、実は自然科学の知よりも倫理学の知のほうが普遍性が高い、と言うことさえできる。人間が知っていることは文化や歴史によって異なるが、人間そのものはそれほど変わらないからだ。

人間のふるまいが文化によって異なるのは事実だが、違いの大部分は「マナー」とか「作法」の部分であって、倫理的な原則は意外と異ならない。われわれは、外国旅行に行くとき、普通はその国の刑法など知らないが、だからといって、知らずに罪を犯して捕まる、ということはほとんどない。旅先で知り合った人に、相手が喜ぶだろうと思うことをしてあげれば、たいていは喜んでもらえる。相手がしてくれることも、たいていは自分にとって喜ばしいことである。

民主主義的な価値観のように、新たな価値観が考え出され、それが普及していくのも、こうした人間としての共通の部分があるからだ。

学生と対話しながら、以上のようなことを考え、話した。

そのときは「なかなかいい授業だった」と自画自賛しながら研究室に戻ったのだが、それから十年、毎年同じようなことのくり返しである。授業中に発言を求めると、大勢の学生が「正しさは人それぞれ」と言うし、レポートを書かせると「正しさは人それぞれ」と書く。あるとき、授業中に「正しさは人それぞれだと思う人、手を上げて」と言ったら、そこにいた百人ぐらいの学生のうち、見たところ半分以上が手を上げた。学生というものは、教師の意向を見抜いてその意に沿うようにふるまう習性がある。にもかかわらず、である。

2 「個性尊重」が人と人とを分断する

個性尊重論の始まりは「臨教審」

少し考えてみれば明らかなように、「人それぞれ」は、他人の意見をよく聞かずに切り捨てる言葉である。どんな意見についてであれ、「もう聞きたくない」と思ったときには、「まあ、考えは人それぞれだからね」で終了させることができる。多くの学生がこうした言葉を常用しているということは、対話を拒否する態度が蔓延しているということである。この本の最初で、インターネット上の「ネトウヨ」的な書きこみについて概観したが、多くの人が対話による合意形成の技術を身につけていないから、「人それぞれ」というわけにもいかない場面に直面すると、罵りあいになるのだろう。

「人それぞれ」という言葉は、人々に対話を拒否させることで、人々の連帯を妨げるから、民主主義社会の根幹を掘り崩してしまいかねない。民主主義の理念とは、「人は一人で生きていけないから、民主主義的な共同体を作る。そこでの規則は自分たちで決める」ということであるが、これが不可能になってしまう。

にもかかわらず、学生たちは、この言葉が「個性を尊重するよい言葉だ」と思っているようなのである。「正しさは人それぞれなんてことは、ありえないだろう」と言うと、多くの学生がムキになって反論しようとする。なぜなのだろうか。

いま、「個性を尊重するよい言葉だ」と書いたが、思い返してみると私が子どものころ（一九七〇年代）には、「個性的な子」とは「変な子」というネガティブな意味だったように思う。ところが、いまでは「自己分析」、すなわち自分の個性をアピールすることは、就職活動の必須アイテムとなっている。難波功士『「就活」の社会史』（祥伝社新書、二〇一四年）によると、『自己分析』が就活のキーワードとなったのは、九〇年代半ばから」という（三五八頁）。

この「個性尊重論」が教育界に登場するのは、「臨時教育審議会」（臨教審）が出した「第四次答申」（一九八七年）のことである。臨教審は、教育改革を旗印にする中曽根康弘首相が主導して設置した審議会で、従来の日本の教育における「詰め込み・悪平等・受験戦争」といった点が批判の対象となった。その第四次答申では、「みずから学ぶ意欲」や「個性を生かす教育」がうたわれた。

この臨教審の答申は、一九九〇年代に、「新しい学力観」として実際に教育現場へ導入されることになる。これは、「関心・意欲・態度」といった子どもの側の心のあり方に重点を置く「学力観」である。つまり、入試や就職といった「外からの圧力」によって子どもを勉強するように追い立てるのでなく、内面的な動機を重視するということだ。学問が進歩し、社会のあり方が変わっても、「学ぶ力」があれば対応できる、という発想にもとづくものである。そうした「学力」はその後、「生きる力」などと言いかえられた。こうした方向性のうえに、かの有名な「ゆとり教育」がある。[1]

「ゆとり教育の見直し」が叫ばれて久しいが、こうした内面重視の教育観は現在でも健在で、それどころか、大学教育にさえ、「アクティブ・ラーニング」と称して導入が進められている。そして、こうした学力観は、私も好ましいものだと思う。哲学など、普通に考えて収益に結びつかないので、「それ自身の面白さ」で学ぼうと思ってもらう以外にない。

しかし、では具体的にどのような教育をすればいいのか、それが私に実行可能なことなのかというと、また別の問題である。うちの大学でも、「大学教育再生加速プログラム」の予算を獲得したとかで、昨年（二〇一五年）、「平成三〇年度までに、すべての授業の八〇％でアクティブ・ラーニングを導入しなければならない。協力してほしい」と、教務委員長から依頼があった。もともと、毎週の授業のまとめと質問を書くように宿題を出し、それを事前に回収して、学生の質問をもとに授業を組み立てていたので、「それ以上の工夫はできかねます」と言うと、「そのままでいい」とのことだった。したがって、アクティブ・ラーニングの導入と言われても、とくに新しいことを始めたわけではない。

何が言いたいのかというと、いきなり「内面的な動機を重視」とか「個性を生かす教育」と言われた小中高校の先生方は、大変に苦労されたのだろうな、ということである。大学の授業であれば、私が内容や教え方を自由に選べるが、小中高校の授業は学習指導要領や教科書であらかじめ教えるべきことが決められている。これまで、それを効率良く面白く教えるために、みなさん工夫を重ねてこられたはずだ。そこへ、「内面的な動機」とか「個性」とか言われても、具体的に何をしたらいいのか、私だったらよく分からない。

そして、ここから先は完全に憶測なのだが、多くの先生方が、「個性重視」と言われて、金子みすゞの有名な詩「私と小鳥と鈴と」の、「みんなちがって、みんないい」といったフレーズをもとに授業をされたのではないか。周知のとおり、これは、「私と小鳥と鈴にはそれぞれに長所がある。みんなちがって、みんないい」という趣旨の詩である。一九九六年に光村図書と学校図書の国語の教科書に採用されて以来、現在でも引き続き掲載されている。[2]光村図書の国語の教科書はトップシェアを占めているので、多くの教員や子どもたちの目に触れるはずである。

もちろん、これは良い詩だと思うし、多様性を尊重することは重要である。しかし、それは、多様なものがそれぞれ両立可能な場合に限ってである。「私は安保法案賛成、あなたは反対、みんなちがって、みんないい」では、採決できないし、「私はコソ泥、あなたはテロリスト」でいいはずがない。また、障害のある友だちがいた場合など、「尊重する」ことは、「みんなちがって、みんないい」と言ってほったらかしにすることではなく、親切を押し売りすることでもなく、きちんと対話して、相手が求めたときに手を貸してやることである。

何を意地の悪い揚げ足取りをしているのか、と思われるかもしれないが、要するに、両立可能な多様なものを許容することは、大した手間なく誰でもできる（というより、何もしなくてよい）が、異質な主張を理解して合意形成することや、「好ましくないと思われるもの」に出くわしたときの対処、人が困っているときを適切に見極めることなどは、相当な訓練が必要であり、かつ、社会生活を営むうえではずっと重要だということである。しかし、どうも最近の学生たちは、「人それぞれ」という言葉だけを「良いもの」として教えられていて、そうした本当に必要だが獲得困難な技法のほうは、教えられていないように思うのだ。

「新しい学力観」が唱えられようと、「ゆとり教育」が実施されようと、その間も大学入試制度はほとんど変わることなく温存され続け、現在に至っている。[3] 子どもたちは、建前上の「個性重視」と現実の「学力重視」との矛盾に気づいていることだろう。学力が低ければ、いくら「個性的」であっても評価されないのが現実なのである。したがって、多くの子どもたちは、建前上の個性重視の話は適当に聞き流して、小論文試験などの「結論」として使い回すのに便利な「お決まりのフレーズ」として、「人それぞれ」という言葉を活用するだけで、大部分の時間は、普通に勉強してきたのではないだろうか。
しかし、そうしていままで便利に使ってきた「人それぞれ」という言葉が、いきなり否定されると、「自分の考えを尊重してもらえなかった」と思って反発するのである。

「望むものは何でもあげますが、私のあげるものしか望んではいけません」

ところで、「新しい学力観」では、「内面的な動機を重視する」というが、これは要するに「内面的な動機によって勉強させる」という発想である。これは明らかに矛盾した要求である。自発性と強制を、ともに求めているからだ。そして、これは、第1章第3節で取り上げた、国立大学改革と同じ構造のように思われる。つまり、「大学の自律的、自主的努力によって大学を改善」と言いながら、実際は、政府が使途を限定した競争的資金の獲得競争をさせている。大学は自律的、自主的どころか、「文科省の意図」を必死で忖度《そんたく》して、資金が得られるような申請書を書くのだ。

子どもたちに期待されている「個性」も、同じようにして形作られるのではないか。つまり、子どもたちは、「教員が求めている個性」がどんなものかを忖度して、それを事前に準備し、入試や就職の面接で答えるようになる。「個性」や「自発性」を求められている子どもたちが（そして国立大学が）突きつけられているのは、「望むものは何でもあげますが、私のあげるものしか望んではいけません」という、屈折した要求なのである。

実際、入試や就職の面接で披露される彼らの「個性」は、みんな似かよっている。同じような志望動機と将来の夢、部活やボランティアなどの体験が語られる。

もちろん、面接とは本来そういう儀式なのだから、生徒や学生本人もたいていは割り切ってやっているのだとは思うが、まじめな学生ほど、自己分析を重ねるうちに、「自分はこういう人間だ」と素直に信じてしまう。就職活動のときに「自分はこういう人間なので、こういう業界、この会社に入りたい」というのが高じて、他の業界や会社にアプローチせず、就職が決まらない学生もたまにいる。

大学教員としては、学生にとくに個性は求めないので、普通に学力と論理的思考力と、それから異質な他者との対話の能力を身につけておいてほしいものである。

個性尊重は、微妙な差異の競い合い

私がへそ曲がりなのかもしれないが、私は、人がどういう「個性」を持っているかなどということに、ほとんど関心がない。その人が「何を知っているか」や、「何ができるのか」ということになら、大いに関心があるのだが。自分自身の「個性」についても同様である。「自分がどういう人間か」などということについて、人に語りたいと思わないし、語るために自分についての「お話」を準備しておこうとも思わない。そんな話を語ったり聞いたりしなくても、相手がどういう人間かは、少し一緒に過ごせば大体分かる。人と一緒に遊んだり、イベントを企画したり、社会政策を議論したりするのは楽しいが、自分がどんな人間かについて、延々と話をするのもされるのも、大して面白くない。

先に見たように、「自己分析」が就職活動に大々的に導入されるのは、一九九〇年代半ばからである。「みんなちがって、みんないい」という詩が、国語の教科書に掲載されて広く一般に知られるようになるのも、同じころである。臨教審の「個性重視路線」が、答申から十年ほどかけて、一般に普及したということであろう。さらに、二〇〇二年には「世界に一つだけの花」（槇原敬之・作詞作曲）という歌が大ヒットする。私は、学生の「人それぞれ」発言と同様に、この歌詞にも衝撃を受けた。「ナンバーワンにならなくてもいい、もともと特別なオンリーワン」というのである。

先に書いたように、「その人らしさ」は、成長する中で、社会的に流通している価値観を選択することで形成されるものである。それゆえ、「もともと特別」などということはなく、たいていの人は、生まれたときは「普通の人」である。「もともと特別」というなら、成長も努力もしなくていいということになってしまう。

もちろん、複数の赤ちゃんを観察すれば明らかなように、よく動く子、あまり動かない子、表情の豊かな子、おとなしい子など、赤ちゃんの段階ですでにさまざまな差異があるが、「特別」というほどのことはない。人間という生物種として、ある範囲内に収まっているのが通常である。そこから逸脱していれば、治療や特別なケアの対象になる。

その後、成長していく中で、「個性」も育っていくが、そうした過程で新たな価値観を創造することは極めてまれで、既存のものを選択するだけのことが多い。その結果、「その人らしさ」は千差万別というよりは、社会的に許容可能な範囲内での変異に収まる。つまり、「個性尊重」といっても、ぶっ飛んだ個性は許容されないのである。「私はコソ泥、あなたはテロリスト」が許容されないのは当然としても、周りの誰とも似ていない人は、それほど害がなくても敬遠されるだろう。それゆえ、「個性尊重」とは、ある許された範囲内での微妙な差異の競い合いということになる。

だとすると、「自己分析」によって、そうしたチマチマした差異を明確化して、それについて延々と語るのは、「私は普通の人の枠内に収まる安全な人間です」ということをアピールしているだけではないか。面接などで他人と大して違わない「個性」を誇らしく語られると、私は、率直に言って、「この子たちはなんでこんなことを大まじめにやらされているのか」と思って、ちょっとかわいそうな気持ちになってしまう。

しかし、それにしても、なぜ「個性尊重」や「自己分析」がこれほど普及したのだろうか。一つには、臨教審の「個性尊重」路線の一つの結果として、一九九〇年代に、「AO入試」や「一芸入試」といった受験者の「個性」を測ろうとする大学入試が広がったからだろう。そうした「個性重視」の入学者選抜では、書類審査や小論文のほか、面接が重視されるのが通例である。そして、短時間の面接で受験生がどんな人間かを評価し判定するためには、本人に自分の個性を語らせるのがよいと考えられたのではないか。

しかし、数十分程度の「面接」で、人を評価し判定しようとすることに、そもそも無理がある。面接などしなくても、たとえば、一時間、哲学の授業を受けさせて、内容のまとめと質問を書かせてみれば、その学生がどれぐらいの集中力や理解力があり、どういう考え方の傾向があるのか、一目瞭然である。つまり、単に向き合って「お話」をするというスタイルでなく、実際に何らかの共同作業を一緒にやってもらえば、その人がどんな人なのか、だいたい分かるのである。

ただ、そうした方法は、既存の選抜のやり方とはあまりにも異なっているからか、検討されたという話さえ聞いたことがない。

心は袋ではない

私は、「個性」や「その人らしさ」なるものが、その人の心の中に入っている、という見方そのものが、間違いであると考えている。そういったものは、個人の属性ではなく、個人間の関係性である。

たとえば、「優しい人」というのは、「優しさ」という属性を心の中に持っている人のことではなく、他人に対して、何かいいことをしてあげる人のことである。無人島に一人で住んでいる人が「優しい」かどうかは分からないし、論じる意味もない。また、「優しい人」かどうかは、他人との比較によって判断される。つまり、普通の人が他人にしてあげる平均的な水準以上に、他人にいいことをしてあげるなら、その人は「優しい人」と判断されることになる。

一般に、「物の性質」は、このように関係性として規定される。たとえば、「鉄」とはどのような物質かを説明しようとすれば、「銀色で、さびやすく、硫酸に溶ける」などといった性質を並べることになるだろう。そうした性質はいずれも、光や酸素や硫酸といった、鉄以外のものと鉄との関係性についての記述である。また、「さびやすい」というのは、他の金属との比較によって、はじめて言えることである。

それゆえ、鉄だけ見ていても、鉄にはどんな性質があるかは分からない。それと同様に、自分の「心」だけ見ていても、自分がどういう人間なのかは分からないのである。また、それは、周囲の人たちとの関係によって変わりうる。人の「性格」が大きく変わらないように見えるのは、その人を取り巻く環境がそれほど変わらないからである。誰だって、入試の面接といった、普段とは異なる環境に置かれれば、普段とは違う反応をしてしまうことだろう。空気中ではさびるだけだった鉄が、硫酸に放りこまれると、泡を出して溶けていくようなものである。

このように、「個性」は関係性であって、心の中に詰まっている属性ではないのだが、「個性尊重」路線の結果か、「心」は大切なものであり、大変に複雑なものであり、中に自分でも気づかない宝石が入った宝箱のようなものだ、といったイメージが蔓延しているように思う。

だが、私自身の「心」を、この瞬間に振り返ってみると、パソコンの画面を知覚しており、ちょっと仕事しすぎで首に痛みを感じており、原稿の次の文章の断片をいくつか思い浮かべつつ、キーボードをたたく指を動かしている、程度のものである。この本の内容が、すべて心の中に入っているわけでもない。それは、今まで書いた文章を読み返し、少し文章の断片を書きくわえ、その結果を見て、またちょっと書き、調べものをして、といった一連の作業の結果、作り出されるものであって、はじめから心の中に入っていたものを取り出してきたのではない。

つまり、心は、自分でも気づかないものが詰まった袋のようなものではなく、眼前の状況についての知覚が大部分を占めており、それ以外は、ちょっとした言葉と感情程度のものしか入っていないということである。「自分でも気づかないものは、無意識の中に入っているんだ」と思われるかもしれないが、「無意識」は意識できないのだから、それを「心」の一部だというのは、概念矛盾であろう。[4]

個性は、「自己分析」が作るお話

自己分析によって作り出される「個性」とは、これまでの自分の体験や、そのとき取った行動、そのときの感情などを取捨選択して作られた「お話」である。そのお話の中では、自分はどういうものが好きとか、どういうふうに考える傾向があるとか、そういった現在の自分が形成されてきた原因などが語られる。これは、「自分の個性」そのものではなく、入試対策や就職活動対策の指導の際に、「個性を語れ」と言われて作ったお話にすぎない。現実とズレた、単なるフィクションである部分も大きいだろう。

たとえば、自分の考え方の傾向について、「小さいころのトラウマ的体験」とか、「感動した体験」を原因として語るのが、お決まりのパターンだが、実際にそれが本当の原因なのかどうかは分からない。先ほど書いたとおり、赤ちゃんの段階で行動傾向の違いが現れるから、たぶん、性格の差異のかなりの部分は生得的なのだろう。

しかし、そうして作ったお話を人に語っているうちに、お話はだんだん洗練されていき、さらには、そのお話の内容が「自分の個性」そのものだ、という錯覚が生じてしまう。人間は日々変化し成長していくし、環境が変われば対応も変わるが、言葉でできたお話は変化しない。環境が変わったときに、どう対応していいか分からないのは当然のことなのだが、そうしたときに、自分について語ってきたお話を思い出して、「これは自分らしくない」と思って「自分らしく」対応しようとする人も多い。しかし、環境が変わったときには、これまでの対応方法に固執するよりは、環境をよく観察して、適切な対応を判断したほうがよい。

「個性尊重」は、自分と外部との関係性から注意をそらさせ、自分の内面だけに集中させる。

こうした態度が、他者との対話を拒否する傾向を作り出し、増強していく。

単なる「学力テスト」では測れない能力を見たい、という臨教審答申の考え方は理解できるし、大学も企業も、「計算問題は得意だが、現実認識が苦手」とか、「歴史の知識は豊富だが、共同作業が苦手」といった人には、なるべく来てほしくないのが本音だろう。しかし、だからといって、「自己分析」をやらせてそれで評価しよう、というのでは、そうした本音とは裏腹に、対話能力に欠けた、自分のことしか見ていない人間を作ることになりかねない。これ以上、学生たちの間で対話拒否の風潮が広がらないようにするために、現在のような「個性尊重」はすぐにやめてほしいものである。

とはいえ、現実には、なかなかなくなりそうもない。現在、「自己分析」は、小学校一年生のときから始めさせられる。文部科学省が制作し、全国の小中学校に配布した、道徳の副教材『心のノート』である（二〇一四年に『私たちの道徳』に改題、改訂）。子どもたちは、小学校入学から大学卒業まで、「自己分析漬け」にさせられているのである。

3『心のノート』が連帯を阻む

基本的人権についてのひそかな解釈改憲

『心のノート』とは、文科省が制作し、二〇〇二年に全国の小中学校に配布した「教科書ではなく、副読本や指導資料等に代わるものでもない補助教材」である。[6] それゆえ、通常の教科書が経る「検定」を受けておらず、通常の教科書のように教育委員会が選定するのでもなく、選択の余地なく一方的に送付された。二〇〇八年の「道徳教育推進状況調査結果」によると、小学校の九九・三％、中学校の九五・八％で使用されたという。[7]

民主党政権下で、「事業仕分け」の対象となって配布が一時停止されたが、「道徳教育の重視」を掲げる第二次安倍政権下で配布が再開された。さらに、二〇一四年には『私たちの道徳』と改題され、内容も大幅に改訂された。この『私たちの道徳』は、現在も配布が続けられている。『心のノート』は、「国定ポエム」[8]と揶揄されるような、余白や写真や絵の多いものだったのに対して、『私たちの道徳』では読み物が増やされたが、全体的な趣旨には大きな変更はない。[9]

ただ、この改訂について、私がぎょっとしたのは、「権利」の定義の書きかえである。[10]『心のノート』（小学校五・六年生）では、権利とは、「生きていくために当然のこととして認められているもの」（八三頁）とされていた。これは、憲法が保障する基本的人権（ライツ）の定義である。

それが、『私たちの道徳』（小学校五・六年）では、「ある物事を、自分の意志によって自由に行ったり、他人に要求したりすることのできる資格や能力」と定義され、その横に、「だれかが一方的に自分の権利ばかり主張して義務を果たさなかったり、一方的に義務だけを押しつけられたりするようなことがあったら、どうなるでしょうか」と問いかけがある。これは明らかに、英語で言うところの「クレイム」と「オブリゲーション」に相当するものである。つまり、この改訂は、自民党改憲草案が言う、「自由及び権利には責任及び義務が伴うことを自覚し、常に公益及び公の秩序に反してはならない」に対応しているのである。

にもかかわらず、その左側のページに、「日本国憲法が定める国民の権利と義務」についての説明がある（一二四―一二五頁）。これでは、子どもたちは、日本国憲法が保障する「基本的人権（ライツ）」、つまり「何らかの義務の対価ではなく、人間として当然要求できること」を、自民党草案が言う「権利（クレイム）」、つまり「国家が課した義務（オブリゲーション）」の対価として国家権力から恵与されるもの」と誤解してしまうだろう。

このように、一般市民の目につきにくいところで、しかも次世代を担う子どもたちに刷りこみする形で、「解釈改憲」が着々と進められているのかと思うと、率直に言って、そら恐ろしい気分になった。

自己分析漬けの弊害

『心のノート』や『私たちの道徳』に対しては、すでに多くの批判があるので、[11] ここでは「自己分析」と「個性尊重」にかかわる点について述べる。それは、まず、小学校用から中学校用まで、すべての『心のノート』と『私たちの道徳』の最初のページに「自己分析欄」が付けられている点だ。

たとえば、『私たちの道徳』（小学校一・二年生）では、「あなたのことをおしえてね」という表題で、「すきな食べもの」、「すきなあそび」、「とくいなこと」、「しょう来のゆめ」などを書かせる。五・六年生用以上では「自分の直したいところ」も書かせるようになるが、中学校用まで、だいたい同じような項目で、「好きなもの」や「自分の長所」を書かせるようになっている。

要するに、現在の子どもたちは、小学校入学以来、自己分析をずっとさせられているのである。そして、大学に入ると、多くの大学では、一年生のときから就職対策の「キャリア教育」などという授業を必修で受けさせられ、そこでもまだ自己分析を続けさせられる。最近の子どもたちは、いわば自己分析漬けにされており、「自分についてのお話」をたんまりとためこんでいるのだ。教育の全過程において、他者との関係ではなく、自分のほうにばかり視線を向けるように仕向けられていては、対話の能力が育つはずがない。

子どもは、最初のうち、大したことはできない。それは当然で、だからこそ思考力にせよ体力にせよ、学んで練習して身につけていかなければならないのである。才能や向き不向き、好みといったものは、生得的な傾向としてあるのかもしれないが、才能や好みの対象は自分の外側にあり、まずはそれらが存在することを知らなければ、それを好きになりようもない。子どもたちの関心は、自分の内面なんかではなく、外側の世界に大いに向けられるべきだ。にもかかわらず、幼いうちから「長所」ばかり書く自己分析をさせられていると、現実には何もできないという状態を全肯定してしまって、努力はしない、でもプライドだけは高い「困ったちゃん」が作られるのではないかと、心配になる。

もちろん、子どもは、そこまで愚かではないから、与えられたものを丸呑みすることはなく、教師の前では教師の期待するようにふるまって見せるだけ、という知恵が働く。親や教師が教えたいことと、テレビなどで流通していることとの間に食い違いがあれば、教師が教えたいことのほうは「建前」で、流通しているほうが「本音」だ、というふうに判断するのである。

そうした子どもの「したたかさ」こそが、「生きる力」につながるのではないかと思うが、問題は、現在、社会全体が「心」を重視する方向に進んでいるということである。大学入試や就職活動で「自己分析」が活用され、テレビをつけたら「もともと特別なオンリーワン」という歌詞が流れる。テレビアニメでは、あまりぱっとしない主人公が「強い思い」だけで勝利を収めるような話が放送されている。私が子どものころには、「根性」で練習を重ねて強くなる、という話が多かったように思うが、昨今のアニメでは、「思い」さえ強ければ、練習は不要のようである。[12] そういう風潮もあってか、国会で異論に耳を傾けず、「強い思い」で強行採決をくり返す首相を、「ブレない」とかいって称賛する人たちがいる。「思い」は強ければよいというわけではなく、「何を思うか」を反省することのほうが大切であろうに。

このように、現在の社会では、「心」を重視し、「思い」を尊重する風潮が蔓延している。子どもたちは、流行歌やテレビアニメなど、学校以外の場からも「心」重視のメッセージを受け取ると、けっこう簡単に内面化してしまう。学校で教えられていることと社会的に流通していることが一致していれば、教えられていることを相対化することが困難になるからである。

異なる意見と出会ったときにどうするか

『心のノート』と『私たちの道徳』が、対話能力の形成を軽視している、あるいはほとんど考えていないことは、異なる意見と出会ったときについての記述によく表れている。『心のノート』(中学校用)では「いろいろな立場があり、考えがある」(六一―六二頁)、『私たちの道徳』(中学校用)では「認め合い学び合う心を」(七四―七五頁)と、タイトルや書いてある内容は微妙に変わっているのだが、メッセージは同じである。それはまさしく、「人それぞれ」論なのだ。この本を書くための調査の一環として、はじめて『心のノート』を見たとき、「学生の『人それぞれ論』のネタ元はここか」と膝を打ったものであった。

たとえば、『心のノート』には、「いろいろな立場があり、考えがある」と書いてあり、その次に「相手の立場や考え方を尊重しつつ、自分らしくふるまうことができるか考えてみましょう」とか、「人の言動になるほどと思ったこと」を書かせる欄はあるが、対立する意見に出会ったときにどうすればよいのかは、書かれていない。

『私たちの道徳』では、「周囲の人のものの見方や考え方に謙虚に学ぶことは、人間としての成長に大きく役立つだろう」と書いてあり、「異なる意見を尊重しつつ、自分も成長していくにはどうすればいいか」を書かせる欄があるが、やはり、対立する意見に出会ったときにどうすればよいのかは、書かれていない。

たしかに、謙虚に学ぶことは必要で、憲法学者に対して「憲法について判断する資格がない」と言い放つような人たちは、このノートをしっかり活用すればよいと思うが、素直な子どもたちが、無知や傲慢から自分勝手なことを言っている人に出くわしたときには、どうすればよいのか。

一番手っ取り早い答えは、「正しさは人それぞれ」とつぶやいて、かかわらないようにすることであろう。かかわらなくて済む相手や、かかわらなくて済むトピックであれば、それは得策である。だが、そうでなければどうするのか。

あるいは、自分の考えに対して、「それは間違っているよ」と指摘してくれる相手には、どう対応すればよいのか。自分の意見の足りない点を指摘されて、はじめて改善も可能になる。また、一般に学問は批判によって成長する。批判への対応を学ぶことは、自分の意見を改善し、ひいては自分自身が成長するために不可欠だ。

そういう考えから、私は学生のコメントや質問に対して、実に丁寧に回答し、足りない点を指摘して、改善策まで提示してやるのだが、多くの学生の私に対する評価は、「怖い先生」らしい。「真剣な思い」で書いたレポートを批判されると、「心が傷つく」ようなのである。[13]そこで、「いくら真剣でも、ちゃんと調べもしないで、思いつきだけ書いてもダメです」と言うと、もちろん、よけいに怖がられるのである。真剣に頑張りさえすれば、結果が出ていなくてもほめてほしい、というのは私には受け入れがたい要求だし、レポートの足りない点を指摘して「心が傷ついた」と言われても、私は自分が不正を働いたとは思えないのだが。

私のことはさておき、意見や立場の異なる他者との批判的な対話は、そうした他者との合意形成や連帯につながる。これこそが民主主義的な共同体の基本となる関係性である。にもかかわらず、『心のノート』にせよ、『私たちの道徳』にせよ、思いやりや感謝、集団への帰属意識を強調するだけで、意見を異にする他者との合意形成や共存についてはまったく触れられていない。

小沢牧子は、『「心のノート」を読み解く』（小沢牧子他編著、かもがわ出版、二〇〇三年）の中で、「思いやりは下との関係、感謝は上との関係だ。『心のノート』は、人間関係として、垂直的な上下関係しか想定していない。仲間との連帯という視点がない」と指摘している（六五頁。カッコ内の言葉は、私が要約したもの）。

このように見てくると、現在の日本では、自分たちを世襲的特権階級だと思っている人たちが、自分たちに都合のよい、上意下達の階級社会を作ろうとしているのではないか、というのはあながち杞憂《きゆう》ではないように思える。

しばらくは、「人それぞれ」論と闘う日々が続きそうである。次の章では、意見を異にする他者とどのように対話すればいいのか、考えていきたい。

第4章

対話が「正しさ」を作る

1 ふたたび、「人それぞれ」論について

「対立した意見のどちらが正しいか、誰にも決められない」

最初に学生の「正しさは人それぞれ論」を聞いてから、しばらく経ったある年、生命倫理学の授業で、アメリカにおける妊娠中絶論争について取り上げた。

日本ではGHQ支配下の一九四八年、優生保護法が制定され、人工妊娠中絶が合法化されたが、アメリカでは一九七三年のいわゆる「ロウ判決」で人工妊娠中絶を禁止する州法が違憲とされるまでは、全米各州で非合法だった。非合法時代には、合法化を求めて多くのフェミニストが運動を行ったが、合法化後も、「胎児の生命が第一」と考えて中絶規制強化を狙う「プロライフ派」と、「女性の選択権が大事」と考えて規制に反対する「プロチョイス派」

が激しい論争を展開している。現在でも、アメリカ大統領選挙の主要な論点の一つとして挙げられるほどである。

そこでまた、学生の見解を求めたところ、「意見が対立したときに、どちらが正しいかなんて、誰にも決められない」という発言があった。久しぶりに、また驚いた。「え、じゃあどうするの？」と聞くと、「人それぞれで決めればいいと思います」。「中絶非合法時代に、人それぞれで勝手に中絶したら、警察に捕まるんだよ」。「あ」。

たしかに、こうした場合、どちらが正しいのか、にわかには決めかねるが、だからといって決めないわけにはいかない。だいたい、「どちらが正しいのか、にわかには決めかねる場合がある」からといって、一般的に「意見の正しさは決められない」ということにはならない。「事実として明らかに間違った意見」は存在するし、二つの意見を比較したときに、どちらかが明らかに優れている場合もある。より多くの事実を参照した意見と、単なる憶測にもとづく意見とでは、価値が異なる。意見の価値、すなわち説得力は、どれぐらい多様な側面を調べ、どれぐらい詳細に検討したかにおおむね比例するものである（もちろん、間違ったことを信じている人に、その間違いを理解させるのは大仕事ではあるが）。

よく似たパターンが、その後も何回かあった。最近、「遺伝子編集」という技術が実用化され、二〇一五年四月に、それを使って人間の受精卵を操作したという中国チームの論文が発表された。[1] そうした技術を使って遺伝子を改造すれば、知能が高く、背も高く、見た目も美しい「完璧な赤ちゃん」を作ることが、原理的には可能である。そんなことをしてもいいのか悪いのかというのが、生命倫理学におけるホットなトピックの一つとなっている。このように説明して、学生の見解を求めたところ、やはり「人それぞれで決めればよい」。

人工妊娠中絶にせよ、遺伝子改造にせよ、それが合法化された後ならば、それを自分が実際に行うかどうかは、人それぞれで決めてもよい。というより、人それぞれで決めることができる。しかし、倫理学的な問題は、その前の段階、つまり、そうした技術を法的に規制すべきか否かというところにある。法律は、制定されるか、されないか、どちらか一つであって、制定されてかつ制定されない、ということは論理学的にありえない。つまり、制定に賛成の人の意見だけが採用されるか、反対の人の意見だけが採用されるか、どちらか一つであって、「人それぞれ」はありえないのだ。賛成意見と反対意見のどちらが正しいか誰にも決められないというなら、いったいどうやって法案の可否を決めるのか。

アメリカにおける中絶論争は、激烈である。論争するだけでなく、中絶クリニックへの爆弾テロや中絶医の殺害といった事件もしばしば起こっている。つまり、意見同士の対決で正しさが決まらないなら、暴力で自分の主張を押しとおそうとする人間が当然出てくるということだ。すべての中絶クリニックを破壊しなくても、いくつかのクリニックを攻撃すれば、廃業を促進し開業を抑制する効果を発揮する。結果としてクリニックの数は減り、中絶を行うことが困難になっていく。暴力によって自分の主張を実現することは、可能なのだ。

共感できなくても、理解はできる

そう言うと、学生は、「なぜそこまでするんですか？　自分が中絶しなければいいじゃないですか。どうして医者を殺すんですか。中絶はダメで殺人はいい、というのはおかしくないですか。理解できません」。

「そのとおりですね」と言いたいところだが、功利主義的に考えるなら、「一人の中絶医の殺害によって、百人の胎児の命が救われるなら、その殺害は正当化される」という論理も可能である。もちろん、そんな論理を私は支持しない。暴力ではなく弁論で闘うべきだと考える。だが、「論争している間にも胎児が殺されていくんですよ」と言われれば、その気持ちは分からないことはない。

「その気持ち」については、次節で検討することにして、まずは「自分が中絶しなければいい」という部分について考えてみよう。「他人に迷惑をかけない行為を規制することはできない」というのは、J・S・ミルらによる近代的な自由主義の原理である[2]。胎児を人だと考えない限り、中絶は他人に迷惑をかけていないので、他人がやるのを止めることはできない、ということになる。自由主義の立場からすれば、学生の言い分には一理ある。

しかし、プロライフ派は、胎児が「人」であると考えることで、中絶は「他人に迷惑をかける行為」だと主張しているのである。受精卵から赤ちゃんまで、胎児は連続的に発達していくので、「ここから人です」と言えるような明確な境界線は存在しない。そこで、彼らは、「受精卵と人との間に明確な境界線がないのだから、受精卵もすでに人だ」と考える。

そして、胎児を人だと考えると、中絶クリニックは、いわば「身よりのない子どもたちを集めて殺処分する施設」であるかのようにイメージされることになる。もしも実際にそんな施設があれば、「自分は子どもを連れていかないけど、連れていきたい人を止めることはできない」なんて、誰も言わないだろう。誰だって、何とかやめさせようとするはずだ。このように考えれば、彼らの感情を、それに共感するかどうかは別にして、理解することができるだろう。

ここで、「共感するかどうかは別にして」と留保をつけているのは、「受精卵と人の間に明確な境界線が引けないから、受精卵も人だ」というのは、「水とお湯の間に明確な境界線が引けないから、水もお湯だ」というのと同様の論理だからである。連続的に変化していくものの間に境界線が引けなくても、その両端は明確に区別できる。やはり、妊娠初期について言えば、胎児を人だと考えるのは少々無理があると、私は考える。

他方、「プロチョイス派」は、胎児は人ではないから、中絶は「他人に迷惑をかける行為」ではないと考える。中絶ができないと、望まぬ妊娠をした女性は大きな損失を受ける。大人の女性は、異論なく「人」である。それゆえ、中絶の規制こそが「他人に迷惑をかける行為」であり、規制は撤廃されるべきだと主張する。両者の主張を比較考量すれば、「中絶は全面禁止」という主張には、私は賛成できない。

とはいえ、ここで重要なのは、私が中絶の規制についてどう考えるかではない。意見が対立したときには、相手の主張に賛成するかどうか以前に、まずは相手の主張や、その背景にある感情をはっきりと理解することが必要だ、という点である。「理解できません」で停止してしまうと、相手のことを、理解不能のことで怒っている「頭のおかしいやつ」だと思ってしまう。頭のおかしい相手と話しあいをしても無駄なので、じゃあ暴力で解決しましょうか、ということになりかねない。お互いがそのように考えれば、あとは不毛な罵りあいである。テロ行為に走る者さえ出てくるだろう。

2 倫理の起源は感情にある

人間は、困っている人を見たら何とかしたいと思う

プロライフ派とプロチョイス派の論争について取り上げたが、一読して明らかなとおり、両者とも、近代的な自由主義を前提として、その枠内で論争している。つまり、「他人に迷惑をかけない行為を規制することはできない」という原則を、両者とも正しいものとして受け入れたうえでの論争である。それゆえ、論点は「胎児は人かどうか」というところに収斂していく。

しかし、私は必ずしも自由主義の原理で何でも割り切れるとは思わない。この原理の前提を再考する必要があると考えている。そもそも、なぜ、他人に迷惑をかける行為は規制でき

るのだろうか。自分が迷惑を受けたらイヤだからである。だが、実際に自分が迷惑を受けなければよいのであれば、社会的に規制する必要は必ずしもない。そこで、「自分が迷惑を受ける可能性がある行為は規制できる」というふうに考えるのが、普通の考え方である。近代的な自由主義や、その思想的背景としての功利主義は、「人間は利己的である」という人間観にもとづいて、権利や規制を立てようとする。そこに、私が納得できない点がある。

私の考えでは、「他人に迷惑をかける行為は規制できる」のは、端的に言って、人間は他人が迷惑を受けるのを見聞きするのがイヤだからだ。

「それは単なる主観的な不快感にすぎない。自分が迷惑を受ける場合には、身体的な損傷や金銭的な損失が伴うので、主観的ではない」と反論されるかもしれない。しかし、身体的な損傷や金銭的な損失であっても、それが「不快感」を伴うからこそ、「悪」だと見なされるのではないか。功利主義は、基本的に、「人間に快を与えるものを善、不快を与えるものを悪」と考える思想なのである。

そして、私自身を振り返ってみると、人間が一番喜びを感じるのは、単に自分が利益を得たときではなく、自分が利益を得たことを他人も喜んでくれたときや、自分が他人にしてあげたことが他人に喜んでもらえたときではないかと思う。そして、一番腹が立つのは、自分自身がひどい目にあったときよりも、むしろ自分にとって大切な人がひどい目にあわされたときではないか。俗に人間の感情を「喜怒哀楽」と言うが、それらはいずれも、他人とのかかわりの中で感じられるものである。人間の喜びも怒りも悲しみも、すべて他人とともにあるのだ。[3]

功利主義では、「人間は自己の利益（快）を最大化しようとする存在だ」と見なすが、このように考えると、それは、人間の心理学的事実の中の一つだけを恣意的に取り出したものではないかと思われる。[4]

私は、倫理学は、数学や物理学をモデルとした「唯一の原理からの演繹的体系」である必要はないと考える。また、そうした形で作られうるとも思えない。「普遍的な原理」に訴えることで、相手を問答無用で従わせることを正当化するような理論（法的規制を正当化する条件を考える理論）を組み立てることに終始するべきでもないと考える。倫理学は、人間がどんなときに喜び、どんなときに怒るのかという感情のあり方に関する事実を多面的に収集し、人間が利他的で社会的な動物であるということを前提に、人間の現実により即した倫理のあり方を考えていくべきであると思う。以下では、そうした観点から、倫理について少し考えてみたい。

先ほど、「論争している間にも胎児が殺されていくんですよ」という気持ちは分かる、と述べた。胎児についてはさておき、もしも本当の子どもが殺処分されているとしたら、私だって論争している場合ではないと思うに違いないからである。つまり、プロライフ派が胎児を、私が子どもをかわいそうだと思う気持ちは、何かせずにはいられない気持ちと密接につながっているのである。
日本語の「かわいそう」には、なにやら上から目線の「あわれみ」というニュアンスがある。「困っている人に対して何かせずにはいられない気持ち」を示す適切な言葉が思いつかないので、英語で「コンパッション（苦しみの共有）」と呼ぶことにしよう。私は、このコンパッションこそが、功利主義に還元されない形で倫理を構築する際の基礎の一つになると考えている。

功利主義的な思想では、「困っている仲間を助けるのは、自分が困ったときに助けてもらうため」ということなので、本当に助けが必要な人たちばかりが排除されることになる。それに対して、仲間意識は功利主義的な利害計算を度外視して人助けをさせる。先ほどはこのように述べた。しかし実際は、人は、たとえ仲間以外の者でも、眼前で苦しんでいれば放置できないものだ。東日本大震災の際には、多くの人たちが、自分の命をかえりみずに、家族や知人だけでなく見ず知らずの人も救助した。実際にそれで命を落とした人もいる。これは、日本人が倫理的に特別に優れていることの証拠ではなく、人間とは一般にそういうものなのである。[5] ナショナリズムは、そうしたコンパッションの対象を、「想像上の仲間」にまで拡張する道具なのだ。

コンパッションを感じた人間は、自己の利益を度外視してでも人のために何かしてあげようとする。不正に対しては、自己の利益を度外視してでもそれを正そうとする。要するに、

「人間は利己的だ」というのは誤りで、人間は利他的な存在であり、倫理の基礎には、「人間は自己の利益を最大化する存在だ」という利己主義的人間観ではなく、「人間の喜びも怒りも悲しみも、すべて他人とともにある」という利他的、ないし社会的人間観を置くべきなのである。

いや、「すべて他人とともにある」というのは、いささか事実とは異なる限定である。普通人間はペットの動物に対してもコンパッションを感じるからである。ペットだけでなく、野生動物や巨木や森、さらには地球全体にコンパッションを感じることもある。つまり、コンパッションの対象は人間とは限らないのである。それゆえに、「環境倫理学」という分野が存在するのだ。[6] 中絶論争に話を戻せば、争点が必ずしも「胎児は人か否か」に収斂する必要はない。

共有できる「正しさ」を作ることが、倫理的な営み

しかし、こうした観点から倫理学を構築するのは困難だと思われるかもしれない。それは、誰にコンパッションを感じるかが、なかば偶然まかせだからである。普遍的原理にもとづく体系的な学問を作ろうとしたときに、その基礎に偶然まかせの要因が入っているのは、やっかいである。しかし、それは、体系的な学問を作ろうとするからやっかいなのであって、そうでなければ、必ずしもやっかいなものでもない。

現実の人間の倫理にかかわる活動を観察してみると、自分自身が不正を受けたと感じた人や、そうした人にコンパッションを感じた人が、自分たちの主張を妥当なものだと納得してくれる人を、対話をつうじて増やすことで、その感情を普遍化ないし一般化させ、共有された「正しさ」を作っていこうとする。功利主義は、そうした対話の過程で、対立する相手を説得するための手段として、たしかに効果的である。一方的な立場からのコンパッションとそれと表裏一体の「怒り」が、他方の立場に対する配慮なしに急激に共有されると、「感情の専制」に陥ることもある。たとえば、「生活保護バッシング」のような場合である。そうした現実の営みを、より望ましい形で進めるためのガイドとして、倫理学の存在価値もあるのではないか。

対話の最初のうちは、「対立した意見のどちらが正しいか」は分からない。たとえば、中絶される胎児と望まぬ妊娠をした女性の、どちらにコンパッションを感じるのが妥当なのかは分からない。しかし、それは、「誰にも決められない」ということではない。これから決めていかなければならない、ということである。

こうして、共有された新しい「正しさ」を、真摯な対話によって作っていくことが、倫理的な営みなのである。対話が終了して、「妥当な基準」が合意された後には、単にその基準に合致しているかどうかをチェックするという機械的な作業によって、ものごとは処理されていく。たとえば、中絶が合法化された後では、具体的な事例の一つ一つについて手術するべきかどうかは、制限条件をクリアしているかどうかをチェックすればよいだけになる。つまり、もはやそこでは、中絶は容認されるか否かという倫理的な問いは不要なのである。

そして、倫理学というものは、一般にこうした成りゆきをたどるものである。一九七〇年前後のアメリカでは、非人道的な人体実験が大きな社会問題となり[7]、「生命倫理学」という新しい倫理学が成立した。そこでは、医学研究による社会的な利益と、人体実験の対象になった個人の不利益や被害との対立が論じられ、人体実験を行ってよい場合、行ってはならない場合が熱く議論された。その結果、「患者個人の権利は社会的利益より優先される」といった原則や、「患者の自己決定権」にもとづく「インフォームド・コンセント」などの手続きが確認された。最終的に、倫理委員会による実験の規制が法制化されることになったのである(一九七四年、連邦研究法)。

こうして、「生命倫理学」が確立した。いまや、各研究施設に置かれた倫理委員会では、提出された研究計画が「実行してよい場合」に該当するかどうか、インフォームド・コンセントの手続きを踏んでいるかどうかを、チェックリスト方式で検討すればよくなったのである。その倫理委員会で、「人体実験は是か非か」といった、倫理学的な問いをめぐって熱い論争が展開されることは、もはやない。倫理は、感情から始まって法律で終わる、と言ってもよい。

私が見るに、近代の倫理学には、大きく分けて「感情モデル」と「法律モデル」の二つがある。感情モデルの代表は、これまで何度も言及した功利主義である。功利主義では、善なるものは「快いもの」、悪なるものは「不快なもの」と考え、より善を増やし悪を減らす選択が倫理的であると考える。善悪を快不快という感情に還元してしまうのである。対して、法律モデルの代表はカント倫理学である。先に述べたように、その説はルソーの社会契約説を焼き直したものである。カントにとって道徳とは、普遍的な法に従うことだったのだ。

しかし、私は、倫理は感情でも法律でもなく、その間にあると考える。つまり、個人的な感情を動機として、関連する人たちと対話を重ね、お互いに納得できる解決を探していくという営みが倫理の実践であり、そうした実践を分析したり、実践に役立つ知識を提供したりするのが倫理学の役割であると考える。倫理の実践とは、何らかの普遍的な原理によって現実を判定することではなく、いまだ「正しさ」が見出されていないところに、共有できる「正しさ」を創造するものなのだ。

次に、そういう方向で、「倫理の実践」の具体的な過程を素描してみよう。コンパッションに伴う「怒り」が、そうした過程を進めるエンジンになる。

怒りは、報復と相手の反省を求める

先ほど、「身よりのない子どもの殺処分施設」がもしあったとしたら、私は子どもたちへのコンパッションを感じ、何とかしなければと思うだろう、と述べた。しかし、そうした場合に私が感じるのは、子どもたちへのコンパッションだけではない。彼らの不幸は、自然現象ではなく人間が与えたものである。自然現象によって不幸な人に対するコンパッションは、単にその人を救済する行動を動機づけるだけだが、人間が与えた不幸へのコンパッションは、それと同時に、そうした不幸を与える人間への怒りを喚起する。つまり、私は、そんな施設を運営している職員や、そこへ子どもを連れていく人間に対して、激しい怒りを感じることだろう。さらには、「自分は連れていかないけど、連れていきたい人はどうぞ」などと平気で言う人間も、腹立たしい。

こうした怒りは、短絡的な人をときに暴力的な行動へと導く。現実に、たとえば、中絶クリニックへの爆弾テロや中絶医の殺害を実行する人間が存在するのである。それにもかかわらず、私は、「怒り」はコンパッションと並んで、人間の道徳や倫理のもう一つの基礎だと考えている。「怒り」は、功利主義的な利害計算を度外視して社会正義を実現する動機ともなるからである。まずは、「怒り」という感情について考察してみよう。

動物（哺乳動物）を観察してみれば、たいていの動物も人間と同じように怒りの感情を持っているようである。動物の怒りは、何らかの理由で攻撃された場合の反応で、反撃の行動を動機づける感情だと思われる。その証拠に、人間であれ動物であれ、崖崩れで落ちてきた石が当たったときに、石に怒りを向けることはない。自分を傷つけてくる相手が無生物であれば、有効な対処は逃げることだけだからだ。相手が動物であれば、逃げても追ってくる可能性がある。だからこそ、反撃を動機づける感情である怒りが感じられる。もう追ってこないように、撃退する必要があるのだ。他方、逃亡を動機づける恐怖は、相手が無生物でも生物でも感じられる。相手が自分より強そうな動物の場合、反撃するより逃げるほうが得策だからである。

人間について考えてみると、人間ももちろん他の人間に攻撃されたときには怒るが、動物と違って攻撃の意味を理解して、怒る場合と怒らない場合がある。端的に言うと、人間が怒るのは、攻撃に「不正」を感じた場合である。逃亡中の犯罪者が警察官に見つかって捕まりそうになっても、抵抗はするだろうが怒ることはないだろう。また、試合中のボクサーが対戦相手に殴られて怒ることもない。ボクサーが怒るとしたら、相手がひじ打ちや頭突きなどの反則をしたときである。それに対して動物は、こちらが手で殴ろうとひじ打ちをしようと、同じように怒るはずだ。それどころか、傷ついた動物を助けてやろうと思って手を出したときでも、おそらく反撃されるだろう。

また、人間は相手から物理的な攻撃を受けなくても、相手の言動に「不正」を感じたときに怒る。どのような場合があるか、いくつか例を挙げてみよう。そうすることで、人間にとって「不正」とは何か、それを解決するにはどうすればよいかを考える手がかりが得られるはずである。

まずは、呼びかけたのに無視されたとか、意見を言ったらバカにされたとか、やろうとしたことを邪魔されたとか、自分の持ち物が盗まれた、などの場合がある。「目下の者」が言いつけを守らなくて怒る人もいるだろう。私の大学の職場には、同僚間の上下関係がほとんどないので、私は「部下に腹を立てる」ことはないが、学生が宿題をやってこなかったら怒る。こうしたとき、人間は自分の存在が軽んじられたと感じ、腹を立てるのである。

しかし、考えてみれば、私の学生への怒りはどちらかというと、「私の言いつけを守らない目下の者への怒り」というよりは、「果たすべき務めを果たさない者への怒り」という色彩が強い。そう言えば、私は、言うことを聞かない同僚にはとくに腹は立たないが、学部の運営のための仕事の分担を四の五の言って引き受けない同僚には腹が立つ。つまり、人間は、他の人が頑張っているなかで自分だけ楽をしようとする人や、他の人の努力によって得られた成果にタダ乗りする人に腹を立てるということである。生活保護の不正受給に怒る人は、不正受給をそのように理解しているのだろう。

怒りは反撃を動機づける感情だと言ったが、こうした程度のことで、怒りの感情にまかせて殴りかかったりする人はあまりいないだろう。怒鳴ったり罵声を浴びせたりする人はある程度いるが、たいていは、言葉で注意する。つまり、人間が人間に対して怒りに動機づけられた行動をとるのは、動物と違って、相手を撃退するのが主要な目的ではないということである。相手を傷つけて、自分の受けた不快と同様の不快を感じさせることで、報復感情を満たしたい側面もあるが、それだけではない。怒る人が一番望むことは、相手が不正を認め、態度を改めることである。報復は、そのための手段とも考えられる。それゆえ、たとえば、殺人犯が死刑になったとしても、何の反省も示さず、被害者に悪態をついて死んでいったなら、遺族の怒りはまったく収まらないだろう。怒りは、相手の反省によって満たされ、収まるのだ。

このように考えると、怒りにまかせて相手を攻撃するのは、報復感情を満たすにはよいかもしれないが、相手の反省を促すという観点からは不適切な行動である。怒りを向けられた人間は、反省するどころか、怒りかえすことが多いからである。実際、人間が怒りを感じるもっともよくある場面とは、相手から怒りをぶつけられたときである。

普段から他人を軽んじようという悪意を持って生きている人は普通はおらず、それぞれなりに「正しい」ふるまいをしていると思っている。それを他人から、「あなたのやっていることは不正だ」といって注意されたら、「そんなことはない」と反発し、怒りや、少なくとも不快を感じる。ちょっと注意されただけで怒り出すのはいわゆる「逆ギレ」だが、誰であれ、大きな声と威圧的な表情で迫ってこられたら、動物同様に反射的に怒りを感じてしまうだろう。怒りとは攻撃に対する反撃の感情なのだから、こうした反応は当然と言えば当然である。

それで、その怒りのままに反撃すると、こちらの怒りに反応して相手はさらに怒るので、双方の怒りが循環的に増強され、争いがエスカレートすることになる。これでは怒りが解消される方向には向かわない。「こんなやつとは絶交だ」と、人間関係の断絶につながる。そして、対立関係が持続すると、怒りは憎しみに変わり、絶交した相手のことを思い出すたびに不快を感じることになる。

要するに、怒る人は、相手に反省してほしいのに、怒りが導く反撃の行動は、相手をかえって反省から遠ざけ、のちのちまでの憎しみを残すことが多いのである。

もっとも、怒って攻撃してくる相手が目の前にいれば、恐怖が先に立って、怒りが前面に出てこないこともある。その場では恐怖しか感じず、後になって、相手から攻撃される危険がなくなってから、怒りがこみ上げてくることも多い。しかし、電話なら怒った相手に殴られたりする心配は少なく、匿名の掲示板ならほぼその心配はない。ネットの掲示板がよく「炎上」するのは、恐怖に邪魔されることなく、存分に怒りの感情を感じることができ、その怒りに身をゆだねて存分に罵詈雑言で攻撃できるからであろう。不毛なことである。

そうならないためには、怒りにまかせて暴力をふるったり、暴言を吐いたりといった報復を行うのでなく、相手の反省を促す行動をとるのが望ましいだろう。人間の怒りがやっかいなのは、それが、報復感情の充足と相手の反省という、両立しがたい二つのものを求めるからである。両立しがたいなら、どちらか一つはあきらめるしかない。そして、どちらをあきらめるべきかと言えば、報復のほうである。報復は連鎖し、お互いを不幸にするが、反省は、怒った側の満足と、怒られた側の人間的成長につながるからである。

人間は、他人のために怒り、他人のために尽力することもある

そのためにはどうすればよいかということは、この先、順に検討していくことにして、われわれが怒りを感じる場合についてもう少し考えてみたい。人間の倫理との関連で言うと、われわれは、われわれ自身を不当に扱う者だけでなく、他人を不当に扱う者に対しても怒りを感じることが重要である。先に論じたとおり、人間が与えた不幸に対するコンパッションは、不幸な人への援助活動だけでなく、それを与えた者への怒りを喚起するのである。

もちろん、一口に「他人」と言っても、自分との関係に遠近があり、それに応じてどれぐらいコンパッションを感じるかは異なってくる。

自分に近しい人に対してであれば、どんな些細なことであれ、自分がされて腹が立つ扱いをされているのを見聞きすれば、そのようなことをする相手に腹を立てるだろう。赤の他人が、呼びかけを無視されているのを見た程度で腹は立たないが、家族や友人がそのような扱いを受けているのを見れば、腹が立つ。自分との関係が遠くなるにつれて、不当な扱いの程度が高くないと、怒りを感じなくなっていく。

真剣に意見を言っているのにまともに取り合ってもらえない人を見れば、その人とあまり面識がなくても、場合によっては腹が立つ。ただし、「意見の内容が間違っているのにしつこく言い続けている」と思ったときには、まともに取り合わないほうにコンパッションを感

じ、意見を言う側に怒りを感じる。安保法案をめぐる国会の状況を見て、私は政権側の対応に腹を立てたが、自民党支持者は野党に怒りを感じたことだろう。

抵抗できない人たちが虐殺されるのを見聞きすれば、それが遠い外国の出来事であろうと、腹が立つ。ただし、そうした場合でさえ、虐殺する側が自分たちの国の同盟国の軍であれば、軍に腹を立てずに、「やむをえない犠牲だ」と思う人もいるだろう。

さて、自分以外の者が不正な扱いを受けていることに腹を立てた人は、どのように行動するだろうか。もちろん、自分とその人との関係の遠近によるし、その人が軽んじられた現場に居合わせたか、見聞きしただけかによっても異なるが、自分がコンパッションを感じる相手を援助し、怒りを感じる相手に不正をやめさせようとする、というのが基本的な方向である。

家族や友人が、自分の面前で誰かに軽んじられるような扱いを受けたときには、本人が怒って反撃したり、注意したりするなら、それに加勢するだろう。家族や友人のほうが悪い、と思ったときには、相手側に立って注意することもあるかもしれないが、そうした場合でも、相手をとりなしてことを収めようとするのが通常だろう。本人がその場で怒りよりは恐怖を感じ、反撃も注意もしないなら、あえて自分だけ反撃したり注意したりすることは多くはなく、後から本人と話をして、「あいつらは、とんでもないやつらだった」と、相手が不正であることを、相手がいないところで確認しあい、本人は自分が間違っていなかったことに賛同者が得られて満足する、という場合が多いのではないか。相手が行きずりの他人ならそれでよいが、会社の同僚など、今後も顔を合わせる可能性のある相手であれば、どうすれば再発を防止できるかの相談に乗り、さらには行動を支援することもある。

赤の他人が不正を受けていることを、直接でなく、伝聞や報道で知ったときには、憤慨はしても、それ以上、具体的な行動はしないのが通常である。しかし、なかには中絶される胎児に強いコンパッションを感じて中絶反対運動に取り組む人たちもいる。その中のごく一部だろうが、中絶クリニックに激しい怒りを感じるあまり、それを襲撃する人さえいる。もちろん、自分が直接不正を受けたときでさえ、怒りにまかせて攻撃してはならないことは、先に述べたとおりである。

そのほかにも、遠い国の戦争に対して反戦運動をする人や、わざわざその国まで行って医療ボランティアをする人もいる。不況で職を失い、家も失った人のために炊き出しをする人もいるし、政府の経済政策や社会福祉政策を批判するために著述活動をする人もいる。自分と直接関係ない人たちが不正な扱いを受けている状況を改善するために、そうした人たちを支援する活動に奔走する人や、そうした扱いをやめさせる活動に尽力する人は、大多数とは言わないが、決して少数ではない。募金に応じたり、署名をしたりといった、ちょっとした活動をする人なら、かなり多いと言ってよいだろう。

要するに、人間は、自分だけでなく、他の人間が不正を受けていると感じたときにも、それが知人であれ赤の他人であれ、その人たちを支援し、不正を行う側に改善を求める活動をなしうる存在だということである。そして、こうした他人のための活動が、より公正な社会を実現するために不可欠である。不正を受けた当事者だけが活動しているのでは、活動に広がりがなく、大きな力も持てないからである。

「不正」だと思えることを行う側にも事情がある

倫理とは、端的に言って「他人に対してふるまうときの正しいやり方」[8]のことだが、「正しさ」を実現することが動機づけられるのは、「不正なあり方」を改善しようとする場合である。多くの人間は、普段、「正しい対人行動のあり方」など、とくに意識することもなく生きている。「不正」が感じられてはじめて、それとの対立項としての「正しさ」が意識される。つまり、「正しさ」は最初、現時点において欠如しているものとして意識され、具体的にそれは何なのかが、その後で考え出される。自由や平等といった、現代では「普遍的」と考えられている民主主義的な価値観であれ、「自分たちが不正に扱われている」と感じて立ち上がった人々が、「自分たちは何を奪われているのか」を考えることで形作り、洗練させてきたものである。このように考えると、怒りとはそもそも「倫理」という領域を開く感情だとも言える。

もちろん、怒りを感じた側が常に正しく、怒りを向けられた側が常に不正である、などと言っているのではない。怒っている側は、「相手が不正だ」と信じているが、それはその人が信じているだけのことである。怒りを向けられた側も、「自分は不正でない」と信じているに違いない。言うまでもなく、自分がそう信じているからといって、本当にそうだとは限らない。誰かが「１＋１＝３だ」と信じたからといって、それが正解になるわけではないのと同じことだ。

ただし、倫理的問題の場合にやっかいなのは、数学と違って「誰もが認める正しさ」があらかじめ決まっているとは限らない点である。法律や共同体のルールに違反しているなら、それが不正であることは明らかだと思われるかもしれないが、たとえば「子どもが事故で瀕死の重傷を負った」と連絡を受けて、やむなく病院まで速度違反で車を運転した場合など、「不正」と断じるのはためらわれる場合もある。もっと重大な犯罪についても、裁判では犯人側の事情も十分に検討するのであって、外形的な事実のみから一方的に処罰が決められるわけではない。

また、ときに法律そのものが不正だとして怒りの対象になる場合もある。そうした場合には、法律の正当性を争って違憲訴訟が提起されることになり、その結果、最高裁判所が「違憲」、すなわち「法律が不正」と認定することもある。最近では、夫婦別姓を認めない民法の規定が違憲であるとして訴訟になった。ただし、先述のとおり、日本の最高裁判所が違憲判決を出すことは極めてまれである。この訴訟でも民法の規定は「合憲」とされた。[9]

もちろん、先ほど論じたように、一度法律が制定された後には、「倫理的な過程」が再起動することはなく、従来の判例や手続きに沿って粛々と処理が進んでいくのが通常ではある。しかし、法律も絶対のものではなく、それを不正なものだとする考えが幅広い支持を受ければ、改正される。先ほどは「倫理は感情から始まって法律で終わる」と述べたが、感情が倫理的な過程を再起動させる可能性は常に開かれているのだ。そうしたとき、既存の法律は「正しさ」の基準にはならず、新たに共有されるべき「正しさ」を探していかなければならない。

では、具体的にどうやって探すのか。まず言えることは、相手の立場や考えについて確認することである。こちら側の怒りの感情だけをもとに、相手の話も聞かずにいきなり攻撃してはならない。通常、人は、凶悪犯罪の被害者に同情し、加害者に怒りを向けるが、加害者側にも事情があり、犯罪を誘発した社会状況に問題がある場合がある。中絶クリニックにテロ攻撃を行う人間にも、彼らなりの「正義感」がある。そうした加害者側の事情を、共感するかどうかはともかくとして、まずは理解しなくてはならない。

一般的に言って、普段から他人を軽んじようという悪意を持って生きている人はおらず、それぞれなりに「正しい」ふるまいをしていると思っている。悪意は、怒りが育てた憎しみから生まれるものである。それゆえ、悪意は、怒りの相互増強によって自分と憎みあう関係に陥った特定の人に対して感じるのが、通常である。ただし、自分の苦境が、具体的な個人の不正によってではなく、社会全体の状況によって生じていると感じることで、社会全体という抽象的なものに対して悪意を抱く人もいる。その中には、無差別殺人などのテロ行為に走る人もいる。しかし、いずれにせよ、はじめから他人に悪意を持っている人はいない。

では、どうして世の中には腹が立つことがたくさんあるのか。つまり「不正」が横行しているように感じられるのか。それは、悪意のある人がたくさんいるからというよりは、気が回らずに相手に軽視されたという印象を与えたり、「自分がやらなくても大丈夫だろう」という怠け心が芽生えたりする人が少なからずいるからである。

ただし、こうした人たちに対する怒りは、たいていは激しいものでなく、怒りを向けられた側も、たいていは自分の至らない点を認めるものである（もちろん、こうした些細な場合でも、「逆ギレ」によって怒りが怒りを呼び、関係が悪化することはある）。対立が深刻化するのは、ある人に配慮した行動が、他の人にとっては自分がないがしろにされたという印象を与える場合である。

一般的に言って、眼前にいる人をないがしろにすることは、その人が家族や友人でない赤の他人であっても、難しい。一つには、眼前の相手からは反撃を受ける可能性があるからだが、たとえ反撃する能力が低い、あるいはほとんどない人に対しても、相手を一個の人間であると思えば、不快な思いをさせることは避けるものである。ましてや家族や友人を、あえてないがしろにしようとする人はいないだろう（もちろん、ちょっとした行き違いから、憎みあう関係に落ちこみやすいのも、家族や友人であるが）。

しかし、眼前にいない他者、おそらくは実際に会うことはないであろう人々のことは、念頭から消えてしまいがちだ。よしんば頭に浮かんだとしても、どちらを優先するかと言われれば、眼前の人を優先して、会うこともない他人は後回しにするだろう。

たとえば、とっくに賞味期限の切れた食品を、あえて自分の家族や自社の社員に食べさせようと思う人はまずいないが、見ず知らずの消費者が食べてもそれほど気にならない、ということはあるだろう。そこで、会社の経営が厳しい状況で、自分や社員の生活をついつい優先して、そうした食品を販売してしまう。もちろん、そんな食品を食べさせられたほうはたまったものではない。当然、「自分たちは不正を受けた」と感じて怒ることになる。

つまり、ある人に対する善意にもとづいて行ったことが、他の人をないがしろにするものでもある、というのが、世の中に横行する「不正」の大部分ではなかろうか。

もちろん、中立的な立場から考えても、賞味期限が切れた食品を販売するのは不正だと思うが、「不正」と断じるのは相当にためらわれる場合も多い。たとえば、望まぬ妊娠をした女性を助けることを優先して、人かどうかはっきりしない存在である胎児を中絶する場合などである。賞味期限について言うと、賞味期限切れの食品が売られた事件で、食中毒になったという報告がほとんど聞かれないということは、賞味期限の設定のほうがおかしいのではないか、という論点もありうるだろう。

このように考えると、私が、ある人の行為に「不正」を感じて腹を立てたからといって、その行為が本当に不正だとは限らない、ということが明らかだろう。

当事者だけでなく、当事者にコンパッションを感じた者を巻きこんで展開される論争では、考えの違いは、どちらの側にコンパッションを感じるかどうかという立場の違いからくるのが通常である。双方の側とも、コンパッションという善意を動機としており、相手側のほうが不正だと信じている。倫理的問題が、えてして水掛け論になり、怒りにまかせた罵りあいに発展する一つの理由は、この点にあるのだろう。そうした罵りあいの中で、人は、不正を改善したいという倫理的な動機に従うまさにそのことによって、非常に非倫理的にふるまうことになる。

論争が罵りあいにならないように、建設的な仕方で進め、関係する人たちや、その人たちにコンパッションを感じる人たちのなるべく多くが納得するような、共有された「正しさ」を探していくためには、対立する相手側の事情や、関連する周辺的な事情も多面的に考えていかなければならない。たとえば、先に、生活保護制度について見たとおりである。多面的な見方ができるなら、感情に振り回されずに比較的冷静に議論を進めることができるだろう。

「正義の暴力」が対立を深化させる

しつこいようだが、どんな場合であれ、怒りにまかせて相手を暴力で打倒することは、避けるべきである。暴力で相手を打倒することは、それ自体が不正だからである。不正を解決するために不正を働いてよい、ということにはならない。なぜこんなに何度も言うかというと、世の中には「正義」の名のもとの暴力が横行しているからである。

第1章で書いたが、自分を殺しに来た相手に向かって「話せば分かる」と言うのは、たしかに得策ではない。現実的に言って、反撃しなければならないギリギリの場面はある。しかしそれは、やむをえず倫理を踏み倒すことである。それゆえ、相手を武力で打倒して、「正義はわれらにある」と平気で言える人間には、私は大いに違和感がある。

「ではどうすればいいんだ」と言われれば、「自分が正義だ、と言うのはやめてください。自分のやっていることは、あなたが攻撃している相手と同じく、非倫理的な領域に踏みこんでいるのだという痛みを忘れないでください」ということである。

「そんなのは単なる自己満足ではないか」と思われるかもしれないが、必ずしもそうではない。打倒された側は、たとえその場では屈伏しても、後々まで恨みに思うだろう。そうしたとき、「自分が正義だ」と思っていると、相手の恨みを理解しようとしない。対立は解消せず、相手は機会があれば再び攻撃してくるかもしれない。だからといって、相手側に属する人間を一人残らず殺害するというのは、不幸なことであるだけでなく、実現困難なことでもある。しかも、そうした対立と抗争を横から見て、相手側にコンパッションを感じ、相手側に立って参戦する人間も出てくることだろう。

相手が武力を用いてくるときには、それをやめさせるために、こちらも武力を用いなければならない場面はあるだろう。しかし、それは相手を打倒するためではなく、武力行使をやめさせ、話しあいのテーブルに着かせるための手段としてのみ用いるのが適切だと考える。そして、「自分が正義だ」という思いこみを捨て、相手の立場に共感しないまでも、少なくとも相手がなぜ、何に怒っているのかを理解しようとしなくては、対立はいつまでたっても終わらない。

日常生活においても、相手を理解しようとしない怒りと怒りの応酬は不幸だが、国際関係がそうなってしまったら、不幸などという言葉では表現しきれない悲劇である。中絶クリニックを攻撃する人間の感情について先ほど考察したように、こちらから見て「頭がおかしい」と思えるような人間にも、その人なりの理由があり、それを理解することは、たいていの場合、可能なのである。

ケンカになれば、正しいほうではなく強いほうが勝つ

というわけで、私が相手の行為に不正を感じ、怒りを感じたときに、相手のことを「頭のおかしいやつ」と決めつけて、相手の話も聞かずに攻撃する、というのは最悪の成りゆきである。お互いに憎みあう関係に発展することはほぼ間違いない。関係を遮断するのが得策である場合もある。行きずりの相手に、警察に言うほどでない些細な怒りを感じた場合などである。しかし、今後も顔を突きあわせるだろう相手の場合や、不正が深刻だと感じられる場

合には、相手に抗議することになる。

そこで、抗議された相手の立場に立って考えてみると、単に気が回らずに相手の気分を害したのなら、「すみませんでした」と言って以後気をつければ済むことである。相手がこちらの意図や行為を誤解して憤慨しているなら、それを説明して誤解を解けばよいことである。

しかし、たとえば人工妊娠中絶のように、ある人への善意と、別の人への「不正」とが、表裏一体で切り離せない場合もある。つまり、中絶は、望まぬ妊娠をした女性のために良かれと思ってすることであるが、プロライフ派からすれば、胎児の人権をないがしろにする行為だと思われてしまう。ゴミ焼却場やダムや原子力発電所や軍事基地は、多くの人の利益になるかもしれないが、その施設が作られる周辺の人たちにとっては利益よりは迷惑のほうが大きく、自分たちだけが負担を押しつけられているという不正を感じることにもなる。

こうしたとき、「どちらが正しいかなんて、誰にも決められない」と言いたくなるかもしれない。もちろん、もしもプロライフ派とプロチョイス派、焼却場その他の反対派と推進派、それぞれの主張が両立可能なら、どちらが「正しい」か、決めなくてもかまわない。人それぞれ、みんな違ってみんないい、で済む。それゆえ、意見が対立している、と思ったときには、まず自分の意見と相手の意見が両立可能ではないか、考えてみるのがよいだろう。両立可能なのにどちらかに決めようとして論争するのは、無駄だからである。

しかし、残念ながら、と言うべきか、ここに挙げた例だけでなく、対立する二つの立場が両立不可能な場合は、非常にたくさんある。中絶が合法化されたなら、プロライフ派の意見は否定され、規制されたなら、プロチョイス派の意見は否定される。焼却場その他の施設を作るなら反対派の意見は否定され、作らないなら賛成派の意見は否定される。

そのときに「正しさは誰にも決められない」というなら、暴力で決めるしかなくなってしまう。そしてケンカになれば、正しいほうでなく、強いほうが勝つ。

なお、ここで「暴力」というのは、一方の側を武力で制圧するといった極端な場合だけでなく、力のある側が、相手の意見を無視して、自分たちの主張を粛々と実行する、といった場合も含めて考えている。昨今の日本政府は、どうも露骨にそういう方針を取っているようで、そういうやり方で政策をスムーズに実現するために、あちこちで上意下達の制度づくりを進めている。これでは、政府の政策に批判的な側は、怒りと恨みをつのらせて、政府との間の分断が深刻化してしまう。それをさらに力で抑えこみ、裁判所も政府に味方するとなれば、対立は決定的になるだろう。ロックだったら、「革命権を行使してよい」と言うかもしれない。しかし、武器を権力機関が独占している多くの先進国では、暴力的な革命は、すぐに鎮圧されるだろう。力のない側にとって、ケンカに持ちこまれることは大いに不利なのである。

ではどうすればよいのかと言えば、対話によって合意形成を図るべきだというのが、この本での私の一貫した主張である。

もちろん、自分の立場を一方的に主張しあうだけでは、「対話」にならない。相手に対して怒っている側は、相手を責めがちであるし、責められた側は、自分は悪くないと開き直りがちだ。それゆえ、相手の立場や感情を理解しようとすることが、対話を開始するために重要である。こうした点については、すでに論じてきた。以下では、これまでの議論をもとに、もう少し具体的に、建設的な対話を進めるにはどうすればよいか、考えてみよう。

3 建設的な「対話の技術」

相手を理解することが、対話の第一歩

まず、これまで何度も言うように、対話がケンカにならないようにしなくてはならない。ケンカになると、双方が合意する「正しい考え」が見出されることはなく、強いほうの意見が一方的に実行されることになる。それゆえ、あまり腕力や権力に自信がない側としては、ケンカを売られてもなるべく買わないのが得策である。腕力や権力に自信があったとしても、力まかせで自分の主張を実行すれば、相手から怒りや反感を買うので、長期的には得策ではない。

こちらの怒りは相手の怒りを呼ぶので、いきなりケンカになるのを避けるためには、怒り

や嫌悪をあらわにしないことが必要である。また、相手の質問に答えず、単に相手を愚弄するといったことは、それ自体が不正だと思われて、相手の怒りを呼ぶので、避けたほうがよい。たとえば、「安保法案は違憲だ」と主張する憲法学者に対して、「憲法学者は憲法の条文のほうが国民の生命と安全よりも大切な連中だ」と応対するなどというのは、やってはいけない対応の例である。

また、揚げ足を取って言い負かそうとすることや、相手の質問に答えず、自分の立場だけを主張したり、質問とは直接関係のないことを話し続けたりすることも、建設的な対話を阻む。たとえば、「安保法案は違憲だ」という主張に対して、「国際情勢が変化している」と答えても、会話になっていない。向かいあった二人の間で独り言がくり返されているだけである。こうして例を挙げてみると、最近の国会論戦は、「対話でやってはならないこと」の展示会のようになっていて、大変に残念である。

争点が個人的なものであったり、一部の人にしかかかわらないことであったりすれば、人々がケンカをしても重大な問題は起こらないかもしれない。しかし、争点が安保法案とか、原発の再稼働とか、米軍基地の移設とか、社会保障制度の切り下げといった大きな社会的インパクトのある事柄である場合には、ものごとが腕力や権力で決まるのは、論争相手だけでなく、社会全体にとっても不幸な結果になりうる。腕力があったり権力があったりする側の主張が、現実に対応するうえで適切で妥当なものだという保証はないからである。むしろ、腕力や権力を振りかざすのは、残念ながらあまり頭が良くないことの証拠なので、そういう人たちの主張は妥当でない可能性も高い。

かといって、いきなり多数決を取れば、「多数派の専制」に陥る可能性がある。妥当な結論を探していくためには、多数決よりも、冷静な対話のほうが優れている。そうした対話は、対立する相手と合意を形成すること、共有できる「正しさ」を作り出していくことを目標として進められなくてはならない。

こちらから見てどんなに奇妙に思える主張をしている相手にも、それなりの理由や根拠があるのが通常である。また、何の恨みもない相手に悪意を持っている人もいないのが通常である。それゆえ、相手を「頭のおかしいやつ」と考えたり、「相手が悪意でやっている」と考えたりしないで、相手の立場や主張を理解することが、ケンカにならない対話の第一歩である。要するに、対話は、相手を言い負かすためでなく、まずは相手を理解するためと心得るのが、建設的な対話を行ううえでの第一歩なのである。

ただし、相手を理解するときにも、一方的に自分の立場が正しいという態度を崩さなければ、相手の側はそうした態度は受け入れがたいだろうから、結局、対立の深刻化につながる。また、自分に対する反省がなければ、自分が成長することもない。それゆえ、相手の立場を理解しようとつとめ、そのうえで自分の立場に対する反省も行いつつ、双方が納得できる地点を探るのが得策である。

問題となっている事実を具体的に特定する

では、相手を理解するためには、具体的にはどのようにするのがよいか。

自分が批判する側だった場合、相手が何を考えて、私にとっては不正に思える行為を行ったのか、あるいはそうした主張をしているのかを、具体的に確認することである。その行為が単なる不注意なのか、それとも良かれと思ってやったことなのか、その場合は何を良かれと思ったのか、といったことを明確にしていく。

たとえば、中絶クリニックにテロ攻撃をするのは、大多数のプロライフ派の人たちを含めて、ほとんどの人が不正だと判断するだろうが、そうした行為の背景には、胎児を人と見なす判断や、「一人の中絶医の殺害によって、百人の胎児の命が救われるなら、その殺害は正当化される」といった功利主義的な判断が働いているのかもしれない。

逆に、自分が批判を受けている立場だった場合、相手が私の行為や主張の何を不正だと感じているか、何にコンパッションを感じているかを明確にする。そうでなければ、対話がすれ違いに終わってしまう。

こうして、相手の感情や主張に共感できるかどうかはともかくとして、まずはその原因となっている事実を具体的に特定することが重要である。

相手の指摘によって、「なるほど、それは誰でも怒るわ」と納得するような事実が、自分の行為や主張の中に含まれていることが明らかになれば、そこは修正しないわけにはいかないだろう。しかし、たとえば「胎児の権利よりは、望まぬ妊娠をした女性を助けることが優先だ」という確固とした価値判断があってやっている場合には、プロライフ派の指摘に、「はい、そうですね」と言うわけにもいかない。

なお、批判するにせよ、批判を受けて反論するにせよ、自分の感情は、相手が不正であることや、自分が不正でないことの根拠にはならないことを、銘記しておくべきである。感情とは、自分がそう感じているだけのものであって、自分にとって腹立たしい対象が本当に不正なのかどうかはまた別の問題だからである。

事実を具体的に特定しようとすることで、実は、相手が、無知や憶測にもとづいて、実在しないことについて憤っていることが明らかになる場合もある。そうした場合には、客観的な事実を示すことで、相手の考えも変わるはずである。たとえば、一般市民が「自分たちに対して日本国憲法が押しつけられた」と思って憤っているような場合である。そのほか、「近年、少年犯罪が増加、深刻化している」とか、「交通事故死者が増加している」といった、社会的現象に対する誤解は、非常によく見られる。[10] 一部の凶悪な事件や悲惨な事故が大きく報道されることで、そうした誤った印象が与えられるのだろう。

これまで、そうした誤った認識にもとづいて、少年犯罪の厳罰化や、飲酒運転など交通違反の厳罰化が進められてきた。社会政策は、適切な事実認識にもとづいて行われるべきである。政治家や政策立案者が具体的な事実を確認することの重要性は、いくら強調しても強調しすぎることはない。もちろん、一般市民も、事実誤認にもとづいて、そうした政治家を支持しないように、事実を具体的に特定する習慣を身につけておくことが必要だろう。事実誤認にもとづく社会政策は、それにかける費用が無駄になるだけでなく、一般市民にとって不利益なものになることも多いからである。

人間の思考のバイアスを知る

とはいえ、人間には、これまでの信念と矛盾する事実を知ると、これまでの信念に合致するように解釈して丸めこんでしまうという傾向がある。それゆえ、相手の信念に反する事実を示しても、素直に受け入れてくれない場合もあるだろう。人間の思考には、すでに説明した「確証バイアス」や「認知的不協和」への対応のほか、「権威への盲従」、「正常性バイアス」、「傍観者効果」といった、さまざまなバイアスがかかっている。

「権威への盲従」とは、心理学者のミルグラムが行った有名な「アイヒマン実験」によって示されたもので、人は、権威を持っているように見える人の命令には盲従してしまい、「人を殺せ」という命令にさえ従いかねない、ということである。アイヒマンは、ナチス政権のユダヤ人虐殺の中心人物の一人だったが、戦後イスラエルによって逮捕され、裁判にかけられた。そのときに、彼があまりにも「普通の人間」であったことが、かえって人々に衝撃を与えたのである。[11] ミルグラムは、「普通の人間」が権威に盲従すると、途方もない悪事を粛々と実行していくことを明らかにしたのだ。[12]

この「アイヒマン実験」といわば対になる実験として、「スタンフォード監獄実験」がある。つまり、普通の人が権力を前にしたらどうなるか、ではなく、普通の人に権力を与えたらどうなるか、を調べた実験である。これは、公募で集めた普通の人たちを被験者として、「看守役」と「囚人役」に振り分け、実際に監獄を模した施設で生活させるというものであった。すると、すぐに看守役の人たちは囚人役の人たちを虐待するようになったのである。[13]

要するに、権力者は暴走しがちで、庶民は盲従しがちだということである。権力者も庶民も、自分にはそういう傾向があるということを自覚しておいたほうがよい。その自覚がなければ、人間の自然な傾向に従って、権力者は庶民の言うことに耳を貸さず、庶民は権力者の言うことを疑わない、ということになる。それでは対話の回路が遮断されてしまう。

「正常性バイアス」とは、目の前で緊急事態が起こったときにも、「大したことはない」とか、「自分だけは大丈夫」などと思ってしまう傾向である。それが火事のときに逃げ遅れたりすることにつながる。「傍観者効果」とは、何か事件が起こったときに、傍観者がいれば、自分だけがあえて積極的に救助などの行動を起こさない傾向のことである。こうした傾向の結果、街中で乱闘騒ぎなどがあっても、誰も止めに入らないとか、子どもが車にはねられても、誰も助けに行かないといったことが起こる。

社会的に重要な問題について、「自分は関係ない」と思って対話に乗ってこない人が多いのは、正常性バイアスや傍観者効果が関係あるだろう。そうした人が増えると、選挙の投票率が低下し、民主主義は形骸化してしまう。

人間の思考には、そうしたさまざまなバイアスがかかっていて、適切な判断が妨げられる。そうならないためには、普段から心理学研究などにも触れ、自分にもそうしたバイアスがあることを自覚しておくことが効果的である。ローレン・スレイター『心は実験できるか　二〇世紀心理学実験物語』（岩坂彰訳、紀伊國屋書店、二〇〇五年）などが、格好の入門書である。

人間の思考が持つバイアスについては、古典的には、イギリス近代の哲学者ベーコンが、人間が陥りがちな「四つのイドラ（偏見）」を説いたことがよく知られているだろう。[14]それぞれ、「種族のイドラ」、「洞窟のイドラ」、「市場のイドラ」、「劇場のイドラ」である。

「種族のイドラ」とは、人間という生物種の本性に由来するものである。ベーコンは、秩序のないところに秩序を見出してしまうとか、自分の信念に即してものごとを解釈してしまうとか、過度の一般化をしてしまうといった傾向について語っている。そして、ベーコンが挙げるこうしたバイアスは、現代の心理学によってもおおむね確認されている。実際、T・ギロビッチの『人間　この信じやすきもの』（守一雄他訳、新曜社、一九九三年）は、ベーコンの「種族のイドラ」の実例と言えるものを、いくつも示している。

たとえば、ギロビッチは、「秩序のないところに秩序を見出す」ことの例として、バスケ

ットボールの選手が「調子の良いときには連続してシュートが決められる」と信じていると
いう例を挙げている。当人やファンたちは、そういう現象が実在すると信じており、その理
由として、「一度成功すると、リラックスして自信がつくので、連続してシュートが決まり
やすい」といった説明をしていたりする。しかし、実際のシュートの成功率を調べてみると、
あるシュートの後に連続してシュートが決まるかどうかは、本人が「調子が良い」と思って
いようと「調子が悪い」と思っていようと関係なく、純粋に独立事象であることが明らかに
なった。

「自分の信念に即してものごとを解釈する」ことの例としては、「一般大衆の大半は、自分
が平均以上に知能が高く、平均以上に公平であり、平均以下の偏見しか持たず、そして、平
均以上に自動車の運転がうまいと思っている」（一二五頁）などがある。しかし、大半の人が
平均以上、などということは、数学的に考えて普通はありえない。

同書もまた、人間の思考が陥りがちな間違いの実例をいくつも示しているので、自分の思
考を反省するために、一読の価値がある。

さて、ベーコンに戻って、「洞窟のイドラ」とは、その人個人の生まれつきの性質や、受
けてきた教育などによって物の見方が歪曲されることである。ベーコンは、新しいもの好き
の人はむやみに新しいものにばかり飛びつくとか、物理学者はどんな現象でも物理学的に解
釈してしまいがちだといった例を挙げている。

「市場のイドラ」とは、言葉が人間の思考に及ぼす悪影響のことである。たとえば、「運命」という言葉があるからといって「運命」なるものが実在すると誤解するように、具体的な事物に対応しない言葉を聞いて、その言葉の対象が実在すると誤解するような場合や、意味が明確に規定されていない言葉を使うことで、ものごとの理解が混乱するような場合である。

身近な例を考えてみれば、「伝統や文化を尊重しなければならない」といった言葉が、これに該当するだろう。そういう主張をする人に、「伝統や文化とは、具体的にどういうものですか」と聞いてみると、たいていはちょっと詰まり、歌舞伎や文楽といった、必ずしも現代の日本の人たちの大部分が日常的に楽しんでいるとは言えないようなものを挙げたり、「日本語だ」と言ったりする。「伝統や文化」という言葉は、具体的な事物に必ずしも対応していない抽象的な言葉であり、「伝統や文化の尊重」とは、国民国家の形成期に唱えられたスローガンなのである。

先に述べた「事実を具体的に特定する」という注意点は、「市場のイドラ」に陥らないためにも、大いに役に立つ。多くの人が「問題だ」と思っていることの中には、実は「言葉だけの問題」がけっこう含まれているのだ。

最後の、「劇場のイドラ」とは、要するに、既存の誤った学説群のことである。人は、そうした学説を、実験によって批判的に検討することなしに受け入れており、その学説に従って世界を解釈してしまうために、誤りが起こる。私の議論に引きつけて言うと、「劇場のイドラ」とは、日常的思考の論理にひそむ飛躍や、暗黙の価値判断のことである。われわれの思考の構造そのものを反省することは、非常に難しい。そのためにこそ、他者との対話が有効なのである。そして、自分の思考のあり方そのものを改善することが、コンピュータならぬ人間の「学習」が目指すべきことである。

「伝統や文化を尊重しなければならない」という主張は、「劇場のイドラ」の例としても当てはまるかもしれない。つまり、こうした主張は一見もっともらしいが、「尊重しなければならない」理由を考えるプロセスが省略されている。これを「正しい主張だ」と考える人は、単なるスローガンが刷りこまれているのである。

日本の「伝統や文化」を、具体的に特定するために、「日本社会に見られる社会学的な傾向」のことだと解釈すると、その中には、たとえば日本が世界的に見て女性の社会進出が非常に遅れている点など、マイナスのものも多くある。[15]「伝統や文化だから」という理由で機械的に尊重するのではなく、「正しいもの」、「良いもの」を判断したうえで、それが良いものであるという理由によって尊重し、「悪しき伝統」は改善するように努力するのが、「伝統や文化」に対する正しい態度であろう。

こうして見てくると、四百年も前の哲学者が警告したことに、現代のわれわれもとらわれていることがよく分かる。正しく考えるためには、心理学だけでなく、哲学を学ぶことも有効なのである。

相手の要求を明確化する

さて、相手がどのような事実に憤っているのかが明らかになり、それが憶測や妄想や言葉だけの問題でないことがはっきりしたら、次は、相手が何を求めているのかを明確化するのがよいだろう。たとえば人工妊娠中絶に憤っているといっても、「人工妊娠中絶は全面的に禁止してほしい」のか、「妊娠初期に限定すべき」なのか、「母体の保護の場合のみ許容」なのか、それによってこちら側が許容できるかが異なる。

要求を明確化することで、争点が整理されることが多い。ここで出した例で言えば、「妊娠初期に限定してほしい」という要求であれば、胎児の発達段階が問題だということになり、「母体の保護の場合のみ許容」なら、中絶の理由が問題だということになる。

さらに、要求同士が矛盾しているなら、どちらかを選ぶようにしてもらわなくてはならない。たとえば、「社会改革だ」と言って、「社会保障の充実」と「大幅減税」をともに要求する人がいるとすれば、それは矛盾する要求なので、どちらを取るのか、はっきりさせてもらう必要がある。

以前、石原伸晃環境大臣が、福島第一原発事故の除染作業で出た汚染土などを保管する中間貯蔵施設の建設について、「最後は金目でしょ」と発言して問題になった。[16] もちろん、当事者がお金をもらって我慢することで納得するならそれでもよいが、「お金の問題ではない、尊厳の問題だ」と主張している人にお金を押しつけて負担を強制することは、暴力と同義である。最初から「抗議する人はみなお金が欲しいのだ」などと決めつけたりせず、相手の言い分をよく聞いたうえで、要求を明確化していかなくてはならない。

要求が明確化したら、それが実現可能かどうか、それを実現することが社会全体にとっての利益になるのか、それとも特定の者の私利私欲のためなのかといったことも、はっきりするだろう。それによって、要求を受け入れるべきか、受け入れるとしたらどこまでか、といった話しあいをすることができるようになる。

「社会全体の利益」を口実に、実は特定の者の利益のみが実現される場合もあるので、要求内容は、なるべく多面的な視点から精査しなくてはならない。たとえば、一九九〇年代後半から進められてきた「経済改革」や「構造改革」は、日本経済全体を良くするためと言いながら、良くなったのは特定の大企業の業績だけで、労働者の平均賃金は低下している。しかも、社会保障制度が不十分なまま、雇用の流動化が進められた結果、大きな社会不安が起こっている。こうした結果を見ると、実は特定の大企業の利益を図るものだったのではないかという疑いを抱きたくなる。[17]はじめからそれを意図していたのか、政策立案者や経済学者にとっても予想外の結果だったのかは問わないにしても、結果としてそうなっていることがもはや明らかなのだから、軌道修正を図る時期ではないか。主流派の経済学者から見れば、私は「頭のおかしいやつ」と思われるのかもしれないが、昨今の世界経済を見ると、実際の世界は主流派の経済学者の言うようには動いていないように思われる。

相手の推論の過程に飛躍がないかを検討する

相手が問題視する事実や要求内容が明らかになってきたら、それらに整合性や一貫性があるかどうかを検討しなくてはならない。われわれが日常的に思考するときに従っている論理は、われわれの社会における事象間の連鎖関係や、ある状況に対する妥当な行動、ものごとの優先順位などについての知識の集積であるので、思考力を十分に鍛えられていない人も多い。先ほどは、「伝統文化だから、尊重すべき」という論理には、飛躍があることを指摘した。そういう人が展開する議論では、一見すると説得力のあるように思えるつながりが、実は因果関係のないこと同士を結びつけるものであったりする。

人間は、「風が吹いたら桶屋がもうかる」式に、ほとんど関係のないこと同士の間に「因果関係」を考え出すことができてしまう。そうした言葉の上での思いつきは、実際の因果関係に対応していないか、実際に起こる可能性が非常に低い場合がほとんどである。そうした現実性の低い因果関係を前提としてものごとを決めても、有効な対応にならないばかりか、規制が増えて有害になってしまうことさえある。因果関係にもとづく推論の展開が現実的かどうかを、十分に検討しなくてはならない。

たとえば、夫婦別姓制度の導入に反対する保守派の政治家がよく言う言葉に、「夫婦別姓は家族のきずなを破壊する」というものがある。まず、「家族のきずなの破壊」という事態が具体的にどのようなことを意味しているのか不明なので、それを特定しなくてはならないが、ここでは仮に「離婚率が上昇する」としよう。もしも、本気でこうした主張が正しいと考えているのであれば、単なる想像上の因果関係でなく、最低限度、夫婦別姓と離婚率の実証的な相関関係を示すべきである。たとえば、日本以外のほとんどすべての国で選択的夫婦別姓制度が採用されているが[18]、そうした国において、別姓を選択した夫婦の離婚率が同姓の夫婦のそれより有意に高い、というデータがあるのだろうか[19]。私の知る限り、存在しない。

また、たとえば、「行政機関の保有する情報の公開に関する法律」（いわゆる情報公開法）は、その第一条に「国民主権の理念にのっとり、（中略）行政機関の保有する情報の一層の公開を図」る、とされているのだが、第五条には行政文書の開示義務の例外が十以上も列挙されていて、ほとんどどんな情報でも公開しないで済ませられるのではないかと思えるほどである。たとえば、「公にすることにより、率直な意見の交換若しくは意思決定の中立性が不当に損なわれるおそれ」とか、「調査研究に係る事務に関し、その公正かつ能率的な遂行を不当に阻害するおそれ」、「人事管理に係る事務に関し、公正かつ円滑な人事の確保に支障を及ぼすおそれ」など、具体的にどのような事態がどれぐらいの確率で発生するのか分からないような「おそれ」が列挙されている。この法律を立案した人は、なるべく情報を公開したくなかったんだな、と思わざるをえない。

最後にもう一つ例を挙げると、安保法案に反対する人たちの、「安保法案が成立すると、日本がアメリカの戦争に巻きこまれる」という主張である。実際問題として、安保法案が規定する米軍への後方支援等が実施されたとしても、日本本土が戦場になる可能性はそれほど高まらないだろうし、自衛隊が遠方の地の爆撃や地上戦に積極的に参加することもないだろう。このように「破局的事態」を言い立てて批判すると、破局が現実に起こる可能性はそれほど高くないので、「ＰＫＯ法案のときも、戦争に巻きこまれると言われたが、いままで巻きこまれていない」といった、ある意味当然の反論に答えられなくなってしまう。論争をはたで見ている一般市民に、「反対派はオオカミ少年だ」と思われてしまえば、その支持も得られなくなる。

もちろん、「絶対爆発しない」と言われ続けてきた日本の原子力発電所が爆発したこともあるので、破局が絶対に起こらないわけではない。重要なことは、単に言葉の上で因果関係を思いつくだけでなく、それがどれぐらいの可能性で実現しそうかを検証することである。実際にかなりの確率で起こることについて討議しないと、議論は現実と遊離した言葉だけの争いになってしまう。[20]

建設的な質問をする

対話を進め、相手の考えを理解するためには、建設的な質問をすることが重要である。

大学で哲学などを教えていると、教えている側も「これは難解だな」と思うような話をしなければならないことが多々ある。そこで、毎週の授業が終わった後に復習と作文練習を兼ねて、授業内容のまとめと質問を宿題にして書かせているのだが、「質問はとくにありません」という学生が多い。じゃあ理解しているのかと思うと、「授業のまとめ」としてトンチンカンなことが書きつらねてあったりする。デカルトが「自分が考えたことは絶対に正しい」と主張したり、ライプニッツの話をしたはずなのに「ライブニック」なる人物が「機会原因説」を唱えたり。[21]

何が言いたいのかというと、質問をするためにはまず相手の話を理解しないといけないという、当たり前のことである。相手の話を理解していないのに無理やり質問すると、どうでもいいところに食いつくことになる。たとえば、倫理学の授業への質問で、「道徳と倫理はどう違うんですか」。答え。「この授業では道徳という言葉は一度も使わず、ずっと倫理という言葉を使っていますが、なぜそれを質問したのですか」。

それ以来、「質問するときは、それを質問する理由を示すように」と指導することにした。そうすると、「単に知りたいからです」。建設的な質問をする技術を伝えるのは、なかなか難しい。

私が聞きたい「理由」とは、そういう個人の主観的な感情ではなく、質問が組みこまれている理論体系のことである。質問や疑問は、前提となる理論体系があってはじめて意味を持つ。理論と現実の間にズレがあるときや、理論内部で自己矛盾があるときに、それを指摘するものが、意味のある質問である。

たとえば、日常生活では木の葉はひらひらと落ちる。石のようにストンと落ちたら謎である。しかし、物理学的に考えてみれば、落下の加速度はすべての物体で同じはずなので、むしろ木の葉がひらひらと落ちることのほうが謎になる。一つ目の謎は、日常生活における常識を前提としているのであり、二つ目の謎は、物理学を前提としているのである。いずれも、理論と現実のズレが謎になっている。前提とする理論が異なるので、正反対のことが謎だと認識されるのである。

私が聞きたい「質問する理由」とは、前提となる理論におけるその質問の位置づけのことである。何の前提もなしに、「どうして木の葉はひらひら落ちるんですか」と聞かれても、答えようがない。「風が吹いたからです」、「秋が来たからです」、「軽くて薄いからでしょう」など、答えの可能性がいくらでも考えられる。思いつきの質問に、思いつきで答えてもらっても、断片的な知識しか得られない。知識は体系になって、はじめて力を発揮するのであって、断片の寄せ集めは単なる雑学である。「物理学的に考えると、どんなものでも同じ加速度で落ちるはずなのに、どうして木の葉と石では落ち方が異なるんですか」と聞いてくれれば、「それは空気抵抗のせいです」などと、相手の質問の意図とかみ合った答えができる。

対話において重要なことは、このように、意味のある質問をすることである。具体的には、相手の立場や主張を理解したうえで、現実と食い違っている部分を指摘したり、自己矛盾をきたしている部分があることを指摘したりする。そのうえで、相手の主張の改善策を、根拠を示しつつ提示することまですれば万全である。このような質問をされれば、聞かれた側は相手が何を知りたいのかを理解でき、それに即した答えができる。自分の主張の問題点に気づいて、それを改善することもできるかもしれない。

ただし、「現実との食い違い」として、非常に可能性の低い事態を想定して論難しても、ただの揚げ足取りになってしまうことが多い。たとえば、ルソーの一般意思を説明して、「三度三度のご飯をちゃんと食べたいとか、人前に出ても恥ずかしくない服や、雨風をしのげる安全な家が欲しい、といった欲求を持たない人はいないでしょう」と言うと、「欲求は人それぞれなので、そうでない人もいるかもしれません」と食いつく学生が、毎年必ずいる。日本中探せばそういう無欲な人が見つかる可能性はゼロではないが、そういう希少な人物を基準にして議論したり、ましてや社会政策を考えたりしないほうがよいだろう。

自分自身の立場を反省する

ここまで述べてきた「対話の技術」は、さしあたり、①問題となっている事実を具体的に特定する、②人間の思考のバイアスを知る、③相手の要求を明確化する、④相手の推論の過程に飛躍がないかを検討する、⑤建設的な質問をするという五つであった。これらは、相手に対して行うだけでなく、まったく同じことを自分自身に対しても行って、自分自身の立場を反省することが必要である。対話を開始する当初、自分が何を考えているのか、必ずしも明確でないことが多い。対話の中で、相手の立場や主張だけでなく、自分の立場や主張も明確化されていくのである。その結果、双方の主張の間の本質的な争点が明確化されていくはずである。

国会における答弁などで、よく、「対案を出してください」といった発言を聞く。しかし、争点が明確化する前に、そう言われて対案を出してしまったら、勝負で言えば半分負けである。相手の作った案は、相手側の問題意識にもとづいて作られている。その対案を示すということは、相手の側の問題意識を受け入れるということである。もちろん、問題意識が共有されているのなら対案を出すべきだが、たとえば、こちらは違憲の法案に根本的に反対していたはずなのに、そう言われて「対案」を出してしまったら、何らかの法律を作ることに同意してしまったことになる。対案を出す前に、争点を明確化しておくことが必要である。

合意形成とは、通常、「足して二で割る」ような単純な話ではない。足して二で割るためには、どういう尺度で測ったうえで中間点を取るのかを決めなくてはならない。それゆえ、どういう尺度を取るかが決まれば、論争はなかば解決したようなものである。「対案を出せ」と言われて素直に出せば、その「尺度の取り方の争い」に負けてしまうということである。

争点を明確化する

争点の明確化について、坂井豊貴が『多数決を疑う』（岩波新書、二〇一五年）の中で、分かりやすい例を挙げているので、紹介しよう（一二八頁）。

「発電の原料を、石炭、天然ガス、風力のどれにするか熟議するとしよう」。ここで「熟議」というのは、私が言う「対話」とほぼ同義である。

最初のうち、これら三つの選択肢が持つ「意味」はよく分からない。しかし、「人々は会話を通じて、情報の交換を通じて、それらの意味を知り考えてゆく。例えば石炭なら価格は安いが環境に悪い、天然ガスなら価格はやや高いが環境にはわりによい、風力なら価格は高いが環境にはよい、といったことを彼らは知る。すると論点は『価格と環境のトレードオフ』なのだということに人々の思考は辿り着く」。具体的にどの選択肢を選ぶかの判断は分かれたとしても、「彼らのあいだでは、選択肢を評価する焦点の次元について合意があるわけだ」。

このようにして、争点が「価格と環境のトレードオフ」であるという認識が共有されれば、石炭を一番に支持する者も、風力を一番に支持する者も、ともに妥協できるのは、価格と環境がそれぞれほどほどに満たされる天然ガスだ、ということになる。争点が明確化すれば、「足して二で割る」ことができるようになるのである。

とはいえ、坂井が指摘しているように、「天然ガスの輸入にパイプラインを使って供給を一国に依存するとエネルギー外交上で不利になるといった、地政学的な次元はここでは無視ないし軽視されている」。

坂井は、この無視された要因について、それ以上議論していないが、無視された要因が、後になって思わぬ副作用を引き起こすことがある。先に「多面的な見方ができないと、思わぬ副作用に苦しめられる」として、小選挙区制の導入や、ポストドクター等一万人支援計画、法科大学院の設置などの例を挙げたとおりである。それゆえ、私としては、関連する争点をなるべく多面的に洗い出し、争点同士の重要性の関係を検討し、そうして重要度が高いと考えられた争点の内部でも、たとえば価格と環境とはどちらが重要なのか、といったことまで話しあって、合意が形成できるなら、それが一番望ましいと考える。

もちろん、この世界の現象すべてを網羅して、そのすべてに配慮した計画を立てることなど、神様でなければ無理なので、ある程度のところで妥協が必要だ。可能な限り多面的に考察して、可能な限り最善の計画を立てたうえで、問題が出てきたらそのときまた対応を考えるしかない。しかし、ちょっと考えたら分かりそうなことを見落としたり、計画段階で批判が出ていたのに無視したりといった結果、計画立案者以外の末端の人たちが副作用に苦しめられる、といったことは避けねばならない。

なるべく多面的に考察した計画にもとづいて、実際に改革を進めるときには、現状を目標に一気に近づけようと激変させるのではなく、少しずつ変革を進めていくのがよいだろう。

たとえば、「生活保護制度について多面的に見てみる」（129頁）のところで書いたように、日本を真に民主主義的な共同体にふさわしい形にするためには、少し増税して、普遍的なサービスを少し導入し、ということのくり返しで、税や政府への一般市民からの信頼を少しずつ築いていくしかない。複雑に絡み合った社会制度の一部を激変させれば、関連する他の制度とのゆがみが一気に噴き出して、大きな弊害が出る可能性が高い。

事実認識を共有する

対話によって合意を形成するためには、共有できるものを探すことが重要である。まず、事実認識を共有することは、比較的容易であろう。事実を示すことは、科学の役割であり、何が「事実」かは、おおむね客観的に決定されるからである。自然現象についてなら自然科学が、人間の営みについてなら人文社会科学が、それぞれ実験や調査、資料収集などを行い、それらを分析し、学説を提唱し、学者間の合意形成によって「事実」を確定していく。

もちろん、科学における「事実」の決定は、学者の間の相互批判と検証のプロセスによってなされるので、定説にはほとんど必ず批判があり、それが学問の進歩を促す。現在の定説は、「現在のところ一番もっともらしい仮説」にすぎない。学者の間で見解が大きく分かれているような場合もある。ある一人の科学者が言っているからといって、それを「正しい」と信じるのは、単純すぎる。

しかし、だからといって、「何が事実なのか、誰にも決められない」というのは、乱暴な飛躍である。学者たちは、できる限りもっともらしい形で事実を捉えようと努力している。そうした努力の結果、学者の間でほぼ意見が一致していることについて、とくに学識のない素人が、「正しいかどうか分からない」などと言うのは、無知からくる傲慢である。

多くの人は、自分自身で実験したり調査したりすることはできないが、そうした研究の成果を読むことはできる。自分の問題意識に関連して、なるべく多面的に本や論文を読み、学界における定説や異説の概略をつかむことは、それほど難しいことではないはずである。

とはいえ、人間の思考には「確証バイアス」が働くので、自分の立場に都合のよい事実ばかりを集めがちである。また、「認知的不協和」を自分の信念に都合のよい形で丸めこもうとする傾向がある。それゆえ、一人で調べたり勉強したりしていると、自分の主張に都合のよい事実ばかりを収集して、都合の悪い事実は軽視することになりがちである。そうして、信念が強化されていく。こちらが相手の主張に反する事実を提示すると、その重要度を低く見積もったり、あるいは信じなかったりするかもしれない。

そういう相手に対しては、人間の思考にはバイアスがかかっているということも示しつつ、事実に関する証拠を挙げることで、何とか事実を事実として受け入れてもらうように努めるしかない。逆に、自分の信念にとって不都合な事実を相手から提示されたときにも、相手の示す証拠や、自分で調べた証拠を検討して、それが事実であることが確認できたら、受け入れなくてはならない。

人間の信念は、単なる雑多な事実の寄せ集めではなく、さまざまな知識が体系的に組み合わされた構築物であり、新たな知識はその体系の中で位置づけを得ることで納得され、新たな知識として受け入れられる。しかし、たまに、これまでの自分の信念体系に大きな変容を要求する事実に直面することがある。そうした事実を受け入れることで、信念体系全体の構造が変わるということが、人が成長するということである。

成長するとは、これまでの自分でない自分になるということに他ならない。それは、自分とは異質の他者と出会うことで、これまでの自分を否定することであるから、当然に、苦しい営みとなる。苦しいのは、いまの自分に受け入れがたいことを受け入れようとし、いまの自分にはできないことをしようとするからである。

逆に、これまでの信念体系に、それを強化する新たな情報を追加することは、とくに苦しいことではない。苦しくないのは、いまの自分に容易にできることしかやっていないからであって、つまりは成長していないということだ。

自分とは異なる他者との対話の中で、相手を理解しようと苦闘することによってのみ、人は成長することができるのである。他者と事実認識を共有することは、そうした成長のための第一歩である。

ネットで一番ヒットするのは「普通の人」の意見

ところで、何か「事実」について知りたくて調べものをするとき、最近ではインターネットを検索する人が多いだろう。たしかにネットを探せば、新聞の過去の記事や法律の条文や判例といった、この本を書くうえでも使ってきたさまざまな情報がデータベースとして置いてあり、政府の統計資料や学術論文など、有益な情報が大量に見つかる。

しかし、他方、「ネトウヨ」的な書きこみや、憲法についての誤解に満ちた記述が書きつらねてあるサイトなど、事実として誤った情報が、それ以上にあふれている。インターネットはこの世界の写し絵であり、その中には学者もいれば政府機関もあれば企業もあるが、「一般の人」の作るサイトや掲示板が一番多いのである。

実世界であれば、学者は大学や研究所にいるし、政府機関の建物はたいてい大きくて立派で看板もかかっているから、個人の住宅でないことは見れば分かるが、ネット上のサイトを画面で見る限りは、相手が学者なのか役所なのか普通の人なのかを識別するのは難しい。グーグルなどの検索サイトで何か言葉を検索すると、学者の見解も素人の思いつきも、その言葉が使われていれば同じようにヒットして、結果一覧に表示される。

そして、パソコンに表示されるサイトは、書物やテレビ番組と類似しているように思われるので、人は、それらを信じるのと同じように、ウェブサイトを信じてしまう。ベーコンの言う「劇場のイドラ」に捕われてしまうのである。

書物であれば、出版するためにはそれなりの学識や才能が必要なのが通常だから、本屋で見る本（ここでは小説などの娯楽用の本ではなく、「事実」について書いてある専門書や概説書が念頭にある）の大部分は、まともなことが書いてあると期待してもよい。

ただし、いい加減なことばかり書いてある「トンデモ本」も少なからずあり、そういうものを多く出している出版社もあるので、すべての書物が信用できるわけではないから、ある程度の注意は必要である。少なくとも、本の裏表紙あたりに書いてあることが多い「著者略歴」で、著者の学歴や肩書を確認することは必要だろう。現代社会では、事実について明らかにするのは科学の仕事であり、学者が自分の専門分野について述べたことは信用できる、ということになっている。著者が、きちんとした教育を受けて、しかるべき機関で研究に従事している人間かどうかは、その本の内容の信用性の判断の参考になる。

テレビ番組には、「やらせ」や、そこまでいかなくても「演出」が入ることがあるし、分かりやすさを優先して事実が歪曲されることは多いので、私は基本的に信用していないが、一応「放送倫理・番組向上機構（ＢＰＯ）」といった検証機関もあるので、事実無根の妄想が放送されることはそれほど多くないだろう。

それに対して、ネットで情報発信するためには何の資格も学識もいらないので、ネット上のサイトや掲示板には、憶測や妄想にもとづくいい加減な記述があふれかえっている。パソコンの画面に表示されたからといって、それは権威あるものではなく、その辺の居酒屋での世間話や、個人の思いをつらねた日記などと同等の信用性しかないものが大部分なのである。そうした記述の中には、自分の信念と合致したものがいくらでも見つかる。現実世界であれば、交流できる人数はせいぜい数十人だが、ネットで検索すれば何百万、何千万という人の意見を探し出すことができるからである。それゆえ、ネットを使えば、人は存分に自分の「確証バイアス」を満足させることができる。「事実」について知りたいならば、ネットにあふれる雑多な「情報」の中から、信用性のあるものを選り分けることが必要である。

ネット情報の利用法：基本編

「そんなことは常識だ」と思われるかもしれないが、ネット情報をどのように利用すればよいのかということは、それほど普及しているとは思えない。大学生にレポートを書かせると、およそ信用性のあるとは思えないサイトを引用したり、そのまま丸写し（いわゆる「コピペ」）してくれたりする。そうさせないように指導するのに、毎年かなり骨が折れる。[22] 結局、きちんと学ばないままに卒業してしまう学生も多い。卒業後にネット情報の利用法を学ぶ機会はほとんどないだろうから、一般の人たちの間にネット情報の利用法がそれほど普及していないという私の推定には、かなりの信用性がある。そこで、簡単にではあるが、「ネット情報の利用法」を書いておきたい。

まず、制作者が不明なサイトは信用しない。これは、誰でも分かるネット情報鑑定法の第一歩である。世の中には多様な意見があるということを知るために、匿名であれ実名であれ、さまざまなサイトを見るのは悪いことではないが、それが信用できる情報であるかどうかは別の話である。匿名であるということは、そのサイトの制作者が学者や役所でなく、「普通の人」である可能性が極めて高い。

ただ、「普通の人」が実名を出して運営しているサイトというものもある。そういう人は、自称「哲学研究家」だったり「歴史研究家」だったりするが、自分がそう言っているからといって、本当にその名にふさわしい人かどうかは分からない。そこで、制作者が実名で書いてあったら、その名前を検索してみるとよいだろう。最近では大学や研究所は、所属する研究者の名前や研究分野等を公表しているので、その人が学者であれば、ヒットするはずである。そうでなければ、「普通の人」である可能性が極めて高い。

「普通の人」をバカにしている、と思われるかもしれないが、事実を示すことは科学の役割であり、科学には科学の専門家がいる。ある事実について聞くべきは、専門家の意見であって、普通の人の意見ではない。

もちろん、学者の中にも、「主流派」に属する人や「異端」の人もいる。それゆえ、ある一人の科学者が言っているからといって満足せず、それと反対の主張をしている科学者はいないかと調べてみることが重要である。なるべく多くの学者の見解を調べ、それらを比較検討することで、ものごとをより多面的に見ることができるようになる。

サイトの制作者をチェックした次には、そのサイトの情報に「出典」が示されているかどうかを確認するのがよい。「事実を示すのは科学の役割」と書いたが、学者が発見した事実をどうやって発表するかというと、学術論文によってである。自然科学であれ、人文社会科学であれ、論文はその分野の学術誌に投稿され、同じ研究分野の人に審査されたうえで、「掲載の価値あり」と判断されたものが学術誌に掲載されるのが原則である。情報源として、そうした学術論文が参照されているなら、その情報は信用性があると見て、まずは間違いない。

ただし、それほど重要性や独創性がないと学者が自分で判断した論文は、自分の属する研究機関の「紀要論文集」に掲載することもある。そうした紀要には、厳正な審査を行わないものも多い。また、厳正な審査を行う一流の学術雑誌であっても、それをすり抜けて「トンデモ論文」が掲載されてしまうことがたまにある。まともな実験データもないままに書かれた「STAP細胞論文」[23]が掲載されたのは、世界最高峰の学術雑誌の一つとされる『ネイチャー』であった。

もちろん、こうしたことがあったからといって、「学術論文も信用できない」というのは乱暴な飛躍であり、学者の誤りは学者が正していくのが通常の成りゆきである。

以上は、ネット情報の信用性を判断するために、比較的容易にできることばかりである。ネットを利用して調べものをするみなさんに、ぜひ実践していただきたいと願っている。

ネット情報の利用法：応用編

学生に、こうした話をしながら、ネット情報の利用法の講義をすると、「すべてのことを疑ってみることが必要だと学んだ」といった感想を漏らすことが多いのだが、私はそんなこと教えたつもりはない。「すべてのことを疑う」のは実行不可能である。先に書いたとおり、ある事柄が「謎」だと認識されるのは、それが既存の理論と食い違うからである。前提となる理論があってはじめて、謎や疑問が生じる。「すべてのことを疑う」なら、前提となる理論そのものも疑うことになるから、そもそも「疑い」が成立しなくなってしまう。

「すべてのことを疑う」とか、「自分の頭で考える」といった、一見するともっともらしい言葉が、大学など教育現場でかなり流通しているように思う。「哲学」とは、こうした抽象的で一般的で何にでも当てはまる「お手軽な真理の言葉」なのだと誤解されているようでもある。こうした言葉を発することで、何か立派な真理を言ったかのような気分になり、実際は何もしない、という学生が非常に多い。実行不可能なのだから、何もしないのは、ある意味、当然の帰結である。

むしろ、こうした言葉によって、学術論文を参照したり、その信用性を検討したりといった骨の折れる作業をしないで済ませ、根拠のない自分の思いつきをレポートやウェブサイトに書きつける、といった行動が正当化されてしまいかねない。「学者も間違えることがある」

からといって、「すべての学者の意見は疑わしい」と推論し、「自分の思いつきと、学者の論文とは、両方とも『意見』だという点で対等だ」と結論するのである。

「学者も間違えることがある」ということから学ぶべき教訓は、「根拠のない自分の思いつきにも学術論文同等の価値がある」と錯覚することではなく、自分で学術論文を確認するべきだということである。つまり、ウェブサイトに情報の出典が示されていたら、その出典を探し出して自分で読んでみるのである。近年は学術論文の本体がウェブ上で公開されていることも多い。とくに、古典的なものであれば、たいてい見つかる。

事件や判例や統計データなどは、新聞社のデータベースや、政府のウェブサイトで公表されている。又聞きや噂や自分の不確かな記憶に頼るのではなく、そうした一次資料を確認することが、「事実」の確認のためには必要である。

こうした作業は、手間と暇と知力が必要なので、誰でも容易に実行できるわけではないと思うが、レポートや論文を書こうとする大学生や、ウェブサイトで自分の意見を表明したいと考えている諸氏、そしてもちろん政治家のみなさんには、ぜひ実行していただきたいと願っている。

ただし、自然科学系の論文であれば、たいてい英語で書かれているので、少々読みにくいかもしれない。現在、文科省は小学校からの英語教育の導入など、英語教育を推進しているが、多くの一般市民が英語の学術論文をスラスラ読めるようになるのは、まだ当分先のことだろう。しかし、幸いなことに、日本には日本語話者の科学者がたくさんおり、日本語で解説論文を書いたり、概説書を書いたり、さらには専門書まで書いてくれている。学者や翻訳家が、世界各国の古典的な文献から最新の文献まで翻訳して、出版してくれている。

日本に住んでいると当たり前のようだが、自分たちの母語で学術研究ができることや、世界中の文献の翻訳が流通しているのは、非欧米語圏の諸国では非常にまれなことである。日本語は、学術研究を推進できる、世界でもまれな非欧米語なのである。[24] それゆえ、日本語しかできない人でも、大きな問題はなく、学術的な情報にアクセスできる。

日本語で考えることのメリット

とはいえ、昨今、学問の世界における英語の独占状態が続いており、長期的には日本語は学術研究に使える言語の地位を失うかもしれない。水村美苗『日本語が滅びるとき　英語の世紀の中で』（筑摩書房、二〇〇八年）は、そのように主張して、出版当時、大きな話題になった。また、昨今のネット隆盛と反比例するように、出版市場が縮小している。[25] さらに、英語教育の推進は、これまで国語教育にかけられてきた時間と予算を奪うだろうから、一般市民の日本語を読み書きする力が低下する恐れもある。[26] つまり、日本語でものを考えられ、学術研究もできるという現在の恵まれた状況は、早晩失われるかもしれないのである。そうしたことを避けるためにも、多くの人たちがネット情報をちらっと見て済ませるのではなく、ちゃんと本を買って読むようにしてもらいたいものだと願っている。

日本語話者として哲学を研究していると、多くの場合、英語やフランス語、ときにラテン語やギリシア語を読んで、日本語で考えることになるのだが、そうすると、欧米語による思想の「クセ」のようなものが見えてくる。たとえば、「存在」や「実在」といったものについての理解の仕方が、欧米語と日本語ではまったく異なるように思う。

私の経験では、多くの日本の学生は、「存在」や「実在」という言葉を聞くと、「眼前で知覚されているもの」と同義と思ってしまうようなのだが、西洋哲学における「存在：being」や「実在：existence」は、そうした知覚の現れの背後にある「普遍的なもの」である。そうした理解の仕方の違いは、欧米語と日本語の言語の構造や概念区分の構造が異なることに起因する部分が大きいのではないかと思われる。おそらく欧米語で考えている人たちは、そうした自分たちの「クセ」を自覚することは困難だろう。

先に、自民党の改憲草案を書いた人たちが、「権利」という日本語には、英語で言えば「ライツ」と「クレイム」という二つの意味があることに気づかず、妙な草案を作ってしまったこと、日本語の「守る」に「オベイ」と「プロテクト」の二つの意味があることに気づかない人には、自民党改憲草案とドイツ憲法典の違いが分からないことなどを述べた（76－80頁）。逆のことが、欧米語の話者にも起こっているはずだ、ということである。

そして、自分たちが疑うこともなく無造作に前提としている「世界の見方」を問い直すことが、ものごとを正確に考え、哲学を発展させるためには不可欠なのである。

また、哲学者のデリダは、西洋思想の根底に「音声中心主義」があると指摘した。つまり、文字は声の写しであって思想を表現するオリジナルなものは「声」であり、その声を生む「私（私の心）」こそが真理の根源だというのが、西洋思想の典型的なパターンだというのである。[27] それに対して、日本語は、書き言葉（漢字）がないと抽象的思考ができないという、奇妙な言語である。[28] 音素がやたらと少ないので、同音異義語が多く、それらは文字によって区別するほかないからである。それでもちゃんと哲学や、そのほかの学問研究ができるということを示す、興味深い実例となっている。

というわけで、私は、日本語で哲学ができることは、哲学という学問そのものの発展にとって、ひいては人類の文化にとって、幸いなことだと思っている。

といっても、私は主に日本語で文章を書いて発表しているので、欧米言語圏の哲学者にはなかなか伝わらないという限界がある。残念ながら、彼らはなかなか日本語を学ぼうとしないのである。しかし、私は国立大学に勤めていて、日本に住むみなさんの税金から給料をもらっているので、一義的には日本のみなさんに研究の成果を還元したいと考えている。それに伴う限界は、割り切らなくてはならないと考えている。

やや脱線したが、要するに私が言いたいことは、ネットは直接的な情報源として活用するよりは、調査のきっかけとして利用するのがよいということである。「自分の興味に即して学習する」という言葉が、最近の大学教育の現場でよく聞かれるのだが、興味を持つためにはまず知らなくてはならない。そして、いままで知らなかったことを知るためのきっかけとしてネットは有用である。ただし、ネットで興味深い記述を見つけたら、それを鵜呑みにするのではなく、その出典を探して読んでみましょう、ということである。

調べているうちに、確認を取るためにさらに調べるべきことや、一見すると単純に思えるものごとの、十分に考察すべき複雑な側面が、どんどん見つかるはずである。それに導かれて調べていくうちに、一つのものごとに対する多面的な見方を身につけ、自分の知識の体系をどんどん豊かなものにしていくことができるだろう。単に自分の信念を強化してくれる情報を収集するのではなく、自分自身の成長につながるような知識を見つけ出すことができるようになれば、自分の意見を批判してくれる他者がいなくても、自分だけでも自分を成長させることができるようになる。

この本では、私自身がそれを実践するために、いちいち一次文献や一次資料を参照している。そのために注釈が多いが、ご容赦いただいて、できれば巻末の注釈のほうにも目を通していただきたい。

「実体験」が事実とは限らない

この本の最初で、「ネトウヨ的」書きこみについて論じた（10–14頁）。そうした書きこみをする人たちは、既存の権威に反発し、「本当のことはネットに書いてある」と考えているようだ、と述べた。

この節で見てきたように、たしかにネットには本当のことも書いてある。たとえば、生活保護の不正受給率が〇・五％程度であることや、その大部分が「稼働収入の無申告」だということも、ネットに書いてある。憲法とは、国民から国家権力への命令だ、という憲法学者の解説も見つかるし、「地方選挙に対する選挙権を在日外国人（特別永住者）に与えても違憲ではない」とした最高裁判決もネット上で見つかる。

しかし、ネトウヨ諸氏が言う「本当のこと」は、どうもこうした「事実」ではないようである。彼らが「本当のことはネットに書いてある」と考えてしまう一つの理由は、ネット上には自分の信念に合致する書きこみがいくらでも見つかるということだろう。現実世界であれば、交流できる人数はせいぜい数十人だが、ネットで検索すれば何百万という人の意見を探し出すことができるので、彼らはネットを使って存分に自分の「確証バイアス」を満足させることができるのである。

それから、もう一つは、そうした数百万人の中には、事件や事故の現場に居合わせた人や、話題になった事件の関係者の自宅の近所に住んでいる人、企業や官庁の実情に触れることができる人なども含まれているからであろう。外国語が多少できるなら、数億人の視点を知ることができ、その中には自称「イスラム国」の戦闘員などまで含まれている。

そうした人たちが、事故や事件の現場の動画をアップしたり、犯罪加害者の自宅や電話番号まで公開したり、企業や官庁の内部情報をリークしたりする。そうした情報の中には、報道機関や警察が取り上げるまでもない、あるいは取り上げるべきでないと判断したことや、報道や警察の発表とは異なる視点からの報告などが含まれていることだろう。しかも、一般に「当事者の実体験」を尊重する風潮があるので、そうした実体験にもとづく報告は、「リアルなもの」、「本当らしいもの」と受け取られがちである。そうした報告が、一般的な報道と異なっていれば、報道がウソでネットの体験談のほうが真実だ、と判断されることになる。

しかし、個人の体験から、事実の全体像は見えないのが通常である。人間が自分で直接体験できることは、自分を中心にせいぜい数メートルから数十メートルの範囲内のことでしかない。それゆえ、たとえば、偶然、大規模なテロ事件の現場に居合わせた人が、動画を撮影してネットに公開しても、犯人の属するグループとか、被害状況、その他のことは分からない。企業や官庁の内部事情を、「実はこんなにひどいんだよ」と憤って語る人がいても、それはその人個人の感情が不正を告げ知らせただけで、本当に「不正」と言ってよいのかどうかは、対立する立場についても考慮したうえでなければはっきりしない。さらに、人間の思考にはさまざまなバイアスがかかっているから、現場で体験した人が、眼前の「事実」を忠実に受け取れるとも限らない。

実体験は、本人にとってはリアルで重大な意味を持つものかもしれないが、それは個人の主観のみにかかわることである。それを聞くことで、共感したり現場を追体験したりすることはできるかもしれない。それはそれで聞き手にとっても興味深く意味のある経験である。

しかし、「客観的な事実」を、一個人の体験だけから判定することはできない。事実の全体像は、多くの人の体験を調べて突きあわせていくことではじめて描き出されるのである。「客観的な事実」というものも、対話と合意形成のプロセスによって作り上げられていくのだと言ってもよい。

価値観はおおむね共有されている

「事実認識を共有することは、比較的容易」と書き始めて、ずいぶん多くのことを書きつらねてしまった。事実認識を共有するということは、間違ったことを信じている人に、その間違いを理解させるという大仕事に他ならないからである。

もちろん、「私のほうが常に正しくて、相手が間違ったことを信じている」などと言っているわけではない。私自身が、「間違ったことを信じている人」かもしれないからである。ここまで書いてきたことは、さまざまな「事実」を調べ、知識を得ていくことで、自分自身を反省し、自分自身の成長のきっかけとするための方法でもある。

しかし、言うは易く、行うは難しである。実際に対話の中で事実認識を共有しようとしても、結局ケンカになることが多いかもしれない。人間のバイアスは強力であり、人間の思考にはバイアスがかかっているということを知識としては知っている人でも、「自分はそんなバイアスに惑わされない」と信じたりするからである。そして、自分の信念に合わない事実はシャットアウトしてしまう。

それでも、現代社会では、「事実」を判断するのは科学（自然科学、人文社会科学）であるということは、おおむね合意されている。ある学者の専門分野の事柄について、「学者の言うことよりも、自分の言うことのほうが正しい」と強弁する人には、多くの人が眉をひそめることだろう。それゆえ、粘り強く対話を続けることで、事実認識についての合意を形成していくことは、可能だろう。

とはいえ、「事実認識の共有が可能だとしても、価値観は容易に共有できないのではないか」と思われるかもしれない。「現代社会では価値観が多様化している」とか、「価値観が異なると、どちらが正しいかを決める評価基準が異なるので、議論は決着しない」といった主張をよく耳にする。

しかし、まず、「価値観が多様化している」とは、具体的にどういう事態だろうか。「ものごとの善悪や重要性の判断基準としての価値観」が、本当にそれほど多様化しているだろうか。「趣味が多様化している」というなら、私もそのとおりだと思う。ほんの数十年前と比べても、現代では格段に多くの娯楽が提供されており、どの娯楽を好むかは人それぞれである。

そして、「正しさは人それぞれ」は語義矛盾だが、「好みは人それぞれ」なら理解できる。好みについてであれば、合意形成する必要はないからである。「野球が楽しいか、サッカーが楽しいか」という議論は、たしかに決着しないかもしれないが、べつに決着をつける必要はない。私が野球が好きなことと、あなたがサッカーが好きなことは、何の問題もなく両立可能だからだ。趣味は、同好の士だけで集まって楽しんでいればよい。

しかし、本当に「善悪や重要性の判断基準としての価値観」が異なっていて、相互理解も妥協もできないなら、困ったことになる。社会全体で一つに決めなければならない事柄について、価値観が対立したときに、「どちらが正しいかなんて、誰にも決められない」なら、暴力で決めるしかなくなってしまうからだ。

しかし、幸いなことに、と言うべきか、先に述べたとおり、たいていの場合、人は自分で新たな価値観を創造することはできず、既存のものを選択するだけのことが多いので、価値観は社会的に許容可能な範囲内での変異に収まるのが通常である。しかも、「社会的に許容可能な価値観」は、文化や歴史的状況によって、それほど変わるものではないのだ。人間のふるまいが文化によって異なるのは事実だが、違いの大部分は「マナー」や「作法」の部分であって、倫理的な原則は意外と異ならないのである。これまで論じてきたように、倫理の起源にはコンパッションや怒りといった感情があるが、感情は生物種としての人間の本性にかかわる部分が大きいからである。どういうことをしたら相手が怒るか、どういう状態の人にコンパッションを感じるか、などについて、われわれは他文化圏の人々の行動を見ても、ほとんどの場合、理解可能である。

それゆえ、「人を殺してもよい」とか「ウソをついてもよい」とか「人のものを盗んでもよい」といったことが、規範として許容されている社会は、考えにくい。現実には、武装勢力同士が泥沼の内戦をくり広げていて、非戦闘員が虐殺されている国はあるが、それはもはや社会が壊れているのであって、巻きこまれた多くの人たちは、その状態そのものが不正であると感じ、何とかしたいと考えているのではないか。壊れた社会をモデルにして、正常な社会の姿やあるべき姿を考えてはならない。

ここでは倫理について述べたが、その他にもさまざまな性質や習慣が人類共通に見られる。ドナルド・ブラウンは、『ヒューマン・ユニヴァーサルズ　文化相対主義から普遍性の認識へ』(鈴木光太郎他訳、新曜社、二〇〇二年)の中で、道徳感情のほか、言語の使用法(他人に働きかけたり、だましたり、詩を作ったり、スピーチをしたり)、社会のあり方(個人に名前がついているとか、子どもと大人が区別されているとか、共同体にはルールがあるとか)、宗教や儀式のあり方(呪術的思考や通過儀礼など)について、人類共通に観察されるものを列挙し、検証している。

人文学者の間では、「文化によって物の見方や考え方、習慣が異なる」という文化相対主義的な発想が根強いので、こうした普遍主義的な主張は反発を買うかもしれないが、われわれは、自分たちが思っている以上に、「動物的本性」に束縛されているのだ。それに、理屈で考えても、文化による「違い」が認識されるためには、そもそも大部分が共有されていなくてはならない。たとえば、文化圏による宗教の違いを論じるためには、「宗教」という枠組みは共有されていなくてはならないのである。リンゴとナシなら「違い」を指摘できるのに、リンゴと鍋の「違い」を指摘せよと言われても、何を答えてよいのか分からないようなものだ。

ただし、何かが「人類において共通である」という事実は、その何かが「倫理的に正しい」という結論に直結するものではないことに、注意が必要である。「事実（「〜である」）から倫理（「〜すべき」）は帰結しない」というのは、哲学や倫理学では常識である。たとえば、「多くの社会において男性のほうが支配的地位に就く傾向がある」ことは事実なのだが、だからといって、「男性が支配的地位に就くべきである」ということにはならない。

これまで論じてきたように、「正しさ」は、人間の本性や個々人の感情を起源として、対話の中で、共有されるものとして形作られるのである。この場合について言えば、「男性が支配的地位に就くのは当然」と考えている人に対して、劣位に置かれた女性が「不正」を感じることはあるだろうし、そうした女性にコンパッションを感じる人が、男女問わずいるだろう。そうした対立を出発点として、妥当な合意点を、事実や論理を用いながら作り出していくプロセスが、倫理的な営みであり、その結果作り上げられた合意が、共有されたものとしての「正しさ」なのである。そして、現代では、女性が大統領や首相になったり、国会議員になったり、企業の社長になったりすることは、それほど珍しいことではなくなっている。[29]

おそらく、ブラウンが列挙した「人類普遍性」は、そのすべてが遺伝的に決定されているわけではなく、いくつかの遺伝的な本性を持った人間が、社会を形成しそれをスムーズに運営しようとするなかで、後天的に作り上げたものなのであろう。所与の条件と、実現したい目標が同じであれば、作り出されるものは必然的に似てくるのである。

先ほどは、社会的に許容可能な範囲から逸脱する人は、「反社会的」と見なされたり、「病気」と見なされたりする、と述べたが、どういう価値観や行動が「逸脱」であるか、「逸脱した人たち」をどのように扱うのが「正しい」のか、ということも、同様のプロセスによって共有されていく。[30] さらに言うと、私がこれまでの議論の前提としてきた「人間の本性」も、「何が人間の本性か」を探求する対話に対して開かれている。つまり、私が論じてきたような「人間の本性」について、異論がある人は、異論の証拠を示しつつ、反論すればよい。事実認識にせよ価値観にせよ、個人の経験や感情という主観的なものから始まり、それが対話によって共有されていくことで、「事実」や「価値観」として形成されていくのである。

このように考えてくると、「価値観は共有できない」と悲観的になる必要はない。人間は、不正を感じると怒るし、不正を受けている人を見ればコンパッションを感じる。そして、自分さえ良ければいいと考えるのではなく、他人とともに幸福になりたいという欲求も持っている。ほとんどの場合、違いは、何に不正を感じ、誰にコンパッションを感じるかという点だけである。ここまでの議論は、そうした人間の本性を前提に、対話によって共有可能な「正しさ」を作り上げていくにはどうすればよいかを検討するものであった。それはすなわち、価値観を共有していくプロセスに他ならない。

近代の民主主義思想が確立してきた価値観も、そうした人間の本性を前提に、対立と合意形成のプロセスを経て作り上げられたものである。現実には、そうした過程は、冷静な対話だけではなく、暴力的な革命やナショナリズムの高揚といった形でも進められたが、結果として言えば、そうして確立された自由や平等、共同体の運営への構成員の参加といった価値観は、誰しも納得し受け入れられるものではないか。

もちろん、民主主義社会にも、「自分が人々を支配して権力や利益を独占したい」という欲望を持つ人はいるかもしれないが、そうした人であっても、それが「正しい価値観」ではないという判断は、われわれと共有しているだろう。言葉の端々からそういう欲望が漏れ出てしまったときには、あわてて釈明するのが通常である。

それゆえ、「現代社会において価値観は多様化している」というよりは、「基本的な価値観は共有されている」というほうが正確であり、「価値観の相違」が問題になるのは、ある価値観を認める人たちと認めない人たちの争いではなく、自由や平等や民主主義といった基本的な価値観を共有している人たちが、それら価値観同士が両立しない場面で、どれを最優先するかという点で対立していることが多いのではないか。[31]

共有された複数の価値観が矛盾する場合

たとえば、自由と平等は、両方とも「普遍的」なものとして現在の民主主義社会で受け入れられているが、原理的に両立しがたいものである。各人が自由にふるまうと、どうしても能力差や条件の差によって、個人間に不平等が生じてしまうからである。逆に、全員を平等にしようとすると、各人の自由を制限する必要が出てくる。それゆえ、法制度や社会政策を決めるときには、自由を優先して格差を許容するのか、それとも格差を改善するために自由を制限するのか、という点で意見が対立することになる。

しかし、自由を優先する人たちであれ、「格差と貧困の結果、餓死者が続出する」という事態を放置してよいとは考えないだろうし、平等を優先する人たちであれ、「個人は平等を推進する政府の計画に従う行動しかしてはならない」という主張に賛成することはないだろう。

人間は、唯一の原理で何でも割り切りたいという欲望を持っているが、[32] 実際問題として、この世の中のことは、一つの価値基準、唯一の原理ですべて割り切れるわけではない。それぞれに「正しい」が、両立しない複数の価値観のバランスで成り立っているのである。それゆえ、「自由か平等か」という二者択一的な形で対立するのは不毛であり、「どの程度までの格差や、どの程度までの自由の制限が許容範囲なのか」を討議すべきなのである。こうした討議は、十分に決着可能だろう。

ただし、許容範囲についての合意が形成できても、次には、現状をその許容範囲内に収束させるという目標を実現する手段についての合意を形成しなくてはならない。たとえば、経済成長の時代が終わり、格差と貧困が拡大している状況に対して、おそらく誰であれ、それが問題だという認識は共有できるだろう。しかし、そのうえでなお、どのような手段を取れば問題が解決できるのかということに関する見解の相違がある。一方で、自由市場の調整機能にまかせて、政府の介入はなるべく少なくするのがよいという主張があり、他方に、市場は暴走しがちで、格差の拡大という結果になりがちなので、政府の介入が必要だという考えがある。政府の介入についても、市場そのものに介入するのか、それとも市場には介入せず、自由競争の敗者となった人たちが餓死したりしないように、社会保障制度を充実するのか、といった見解の相違がある。

こうした相違は、もはや価値観の相違ではなく手段の相違であり、手段の良し悪しについては、その実効性やコストやリスクなどによって、ある程度客観的に評価できる。また、「市場介入か、不介入か」というように、両立不可能な手段の組み合わせもあるが、社会保障政策の充実のように、市場への介入の有無いずれとも両立可能な手段もある。それゆえ、適切な手段についての見解の相違は、どの価値観を最優先するかという点での相違よりも、解決が容易であると思われる。

ただし、目標についての合意が十分に形成されていないのに、手段についての検討をしてしまうと、目標の異なる手段同士が、単に同時に実行可能だというだけの理由で、妥協的に両方採用されることがある。しかし、それぞれの手段が狙う目標がお互いに矛盾するものだった場合には、結果は現場の大混乱である。

たとえば、昨今の「大学改革」では、「自主的・自律的な発展」という目標が掲げられたのだが、それと同時に予算の削減が進められた。「発展」と「予算削減」は、どう考えても矛盾する目標なので、現場の疲弊化が進んでいる。予算が削減されれば人員か給料か、あるいはその両方を減らさざるをえないが、「発展」するためにはこれまで以上の成果を出さなければならないから、教職員一人当たりの仕事が激増するのである。

もう一つ、大学改革について不可解なことは、「自主的・自律的な発展」という目標を達成する手段として、「トップダウン体制の強要」という、自主性や自律性と矛盾することが実行されている点である。さらには、政府の政策目標を積極的に実現しようとする大学に予算を配分するという仕組みも取り入れている。目標の実現に対して不適切な手段が選択されたら、目標は実現されるはずがない[33]。

手段の選択についての見解の相違は、妥協が容易であるからこそ、どのような手段を取るのが適切かということは、十分に検討しなくてはならないのである。

「対話の技術」のまとめ

ここまで、意見が対立する相手と、どのように対話すればよいのかを考えてきた。要点だけを列挙すれば、以下のとおりである。

①自分から見て、どんなに不正だと思える相手についても、その人なりの立場や感情があるはずなので、まずはそれを理解しようとすることが大切である。
②それから、問題となる事態を具体的に特定し、それが事実に反する思いこみや、中身のない言葉だけのものではないかを検討する。
③人間の思考にはバイアスがかかっていることを自覚する。
④自他の要求を明確化することで、争点を明確化する。
⑤要求が、事態の改善につながる因果関係を持っているかどうかを検討する。
⑥相手の思考の体系を理解したうえで、その問題点を指摘し改善策を提示するような建設的な質問をする。
⑦自分自身の立場を反省する。
⑧事実認識を共有する。そのためには、ネット情報に頼らず、学術的な研究や一次資料を確認する。
⑨共有されている価値観を確認し、価値観同士が両立しえない場合には、どの程度のとこ

ろまでが許容範囲なのかについて合意形成する。現実をその許容範囲に収束させるための適切な手段を検討する。

こうした話しあいは、大変に骨の折れることではあるが、こうすることによってのみ、問題を、暴力や強制力に訴えずに、また、感情的な罵りあいに陥ることなく解決することができる。相手が私の考えに納得したときには、相手自身の意思に従って、私の主張に従うからである。もちろん、私が相手の考えに納得したときには、自分自身の意思に従って相手の考えに従うことになるだろう。

このように無造作に書くと、「私の主張」や「相手の考え」が、対話の前から変わらずにあったかのように誤解されるかもしれないが、そういうわけではない。対話の中で、お互いの立場や感情を理解し、共感できる部分、できない部分を明確にし、そうした部分についてどうするのか、両方の立場をすり合わせながら、「考え」が共同作業で作られていくのである。こうした作業は、単に相手を理解するだけでなく、自分自身をも深く理解していくことである。

そうした作業の結果、双方が納得できる結論が見出されたなら、そのとき問題は、暴力的な強制ではなく、本人の自発的な意思を尊重した形で解決されている。最初は双方が「自分のほうが正しい」と信じているだけであったが、両者が「正しさ」について合意を得られたならば、それは承認され共有された、本当の意味での「正しさ」ということになる。

そして、問題がこのように解決されるなら、対話によって、自分と相手の双方が成長したということである。つまり、双方が、これまでの自分ではない自分に変われたということである。一度対話によって成長することを経験した者は、成長するにはどうすればよいのかを学んだことになる。そして、他者がいなくても、自分の中で対話することによって、自分を成長させていくことができるようになる。

対話による合意形成は、民主主義の理念であるだけでなく、倫理の根本でもあり、人間が成長するために必須のプロセスでもあるのだ。

連帯を広げる

対立する意見を持つ相手と対話することで、理解を共有できれば、そうした相手とも連帯することができる。あるいは、少なくとも信頼関係を築くことができる。

それだけでなく、自分の主張を、直接の論争相手以外の人にも広げていくことで、自分が重要だと感じている問題に対して、多くの人に関心を持ってもらうことができる。ある問題に関心を持つ人が増え、対話に参加する人が増えれば、それだけ多面的な見方が得られる可能性が高まる。人は、関心を持ったことについてはよく調べ、ある程度の専門的知識を身につけていき、それに伴って妥当な判断力も身につけていくものである。そうして、多くの人が、多くの社会問題に関心を持ち、それに対する見識を高めていけば、民主主義社会の質が高まっていくことだろう。

また、自分の考えにどれほど説得力があるかは、どれぐらいの人が納得するかでおおむね測ることができる。そう考えると、ルソーやロックが、多数決によってどちらの意見が「理性的」なのかを測ることができると考えたのにも、ある程度の根拠がある。

人間は、周りの人間の判断に影響されるから、ある意見が主流を占めていけば、対立相手も考え直すかもしれないし、「無関心層」は多数派になびく。現実に、ある意見を社会的に実現していくためには、多数派を形成する必要がある。

ただし、現実には、人はそれほど合理的に考えず、感情に引きずられることが多いので、緻密な議論よりも、感情に訴える宣伝活動のほうが、多くの人に受け入れられてしまう可能性もある。その結果、一方の立場に感情的に共鳴する人ばかりが集まって、異論を唱える人が排除されるようになってしまえば、対立する立場を攻撃するための集団になってしまう。怒りは怒りを呼び、やがてそれは憎しみに変わる。

多くの人が、怒りにまかせて相手を罵倒したりせず、怒りを社会正義の実現のための動機として、ケンカをせずに対話をすることができるようになってほしいというのが、私の願いである。そして、多くの人が、論争相手と、憎しみではなく信頼関係を築くことができれば、社会は分断しないで済む。

4 対話の教育が真の道徳教育である

「マインドコントロール」による道徳教育

対話とは、相手の立場を理解し、自分の立場を反省し、多面的な見方を知ることで、妥当な結論を出すための方法である。こうした方法によって、意見が対立する問題を、暴力に頼ることなく、倫理的に解決し、自他ともに成長することができる。つまり、対話とは倫理の方法なのである。こうしたことから、道徳教育は、こうした対話の技術を習得するという形で行われるべきであると考える。[34]

どうすれば道徳を教育できるのか、というのは、実は非常に難しい問題である。倫理学の理論を教えることはできるが、それで教えられた側が倫理的にふるまうかどうかは別の話である。徳目を暗唱させたからといって、その徳目を実践できるかどうかは別の話である。本人が、倫理学の理論や徳目の「正しさ」を理解し、納得し、それを具体的な場面で実践できるようにならなければ、「道徳的な人間」になったとは言えない。しかも、この本で論じてきたように、倫理の起源の部分には感情がある。そして、感情は自分でもコントロールできないものである。自分でコントロールできないものを、教育者という他人が、どうしてコントロールできるだろうか。

こうした問いに対する私の答えが、「対話」である。感情のコントロールについて言うと、対話の中で、自分の怒りが一面的な見方によるものだと自覚できれば、自分の感情に振り回されることもなくなっていくはずである。この本で論じてきたように、倫理的な営みとは、共有できる「正しさ」を作っていくという対話のプロセスである。そうした営みを行うことを学ぶこと自体も、対話のプロセスによって実践されなくてはならないのである。

ところで、日本において道徳教育は、第二次大戦後、政治的問題になってきた。戦前の道徳教育は、「修身科」を中心に行われ、そこでは「教育勅語」の暗唱によって全体主義的な社会を作ることが目指されてきた。GHQはそのように理解し、修身科を廃止させた。しかし、道徳教育の重視を訴える保守派の主張によって、小中学校において「道徳」は、「教科外の活動」として復活した（一九五八年）。さらに二〇一五年からは、「特別の教科」とされることになった。

こうした動きに対して、「心の問題に国が関与するのは、思想信条の自由を定めた憲法に違反する」という批判が根強い。なぜ「国の関与」が警戒されるのかというと、自民党を中心とする日本の政治的支配層が、戦前の「修身科」をモデルとした、徳目の刷りこみ教育をやろうとしている、と考えられているからである。それは、あながち杞憂ではないように思われる。第3章で見たように、現在、道徳教育では『私たちの道徳』が広く使われており、そこではたとえば、「権利」の概念が、自民党的な「義務の対価」として記述されたりしているのである。

『心のノート』は、心理学者の河合隼雄を中心に作成されたものである。前掲の小沢牧子『「心のノート」を読み解く』によると、そこでは、心理学的な「マインドコントロール」の技法が使われているという。つまり、「自分で考える」という体裁を取っているが、そこで実際に子どもたちがやらなければいけないことは、教師の（あるいは、教材を作成した政府の）意図を忖度して、それを回答することである。しかし、それは「自分が言った」ことであるから、「自分の考え」として強力に刷りこまれることになる。

これは、「認知的不協和」に対する人間の反応を、うまく利用（悪用）した技法である。本当は自分の意に沿わぬことでも、人前で言ってしまうと、多くの人は、「それは本当に自分の考えだったのだ」と思いこむことで、「自分の考えでないことを言った」という認知的不協和を解消するのである。

戦前のように単に教育勅語を暗唱させるのではなく、心理学の技法を応用しているところに、昨今の「刷りこみ方式」の道徳教育の新しさがある。

対話が、徳目そのものを反省する能力を育てる

先述のとおり、二〇〇六年に第一次安倍晋三政権下で教育基本法が改正された。その際、「教育の目標」として、教えるべき徳目が列挙された。以下のとおりである。

一　幅広い知識と教養を身に付け、真理を求める態度を養い、豊かな情操と道徳心を培うとともに、健やかな身体を養うこと。

二　個人の価値を尊重して、その能力を伸ばし、創造性を培い、自主及び自律の精神を養うとともに、職業及び生活との関連を重視し、勤労を重んずる態度を養うこと。

三　正義と責任、男女の平等、自他の敬愛と協力を重んずるとともに、公共の精神に基づき、主体的に社会の形成に参画し、その発展に寄与する態度を養うこと。

四　生命を尊び、自然を大切にし、環境の保全に寄与する態度を養うこと。

五　伝統と文化を尊重し、それらをはぐくんできた我が国と郷土を愛するとともに、他国を尊重し、国際社会の平和と発展に寄与する態度を養うこと。

そして、『心のノート』や『私たちの道徳』は、子どもたちがこうした徳目を身につけるように（刷りこまれるように）作られている。

「こうした徳目の、何が悪いのだ」、と思われるかもしれない。私も、これらの徳目が必ずしも間違っているとは思わない。問題は、子どもたちがどうやってこうした徳目に至るか、というプロセスである。

心理学的な技法を駆使して具体的な徳目を刷りこんだとしても、必ずしもそれを実践できるわけではない。しかも、徳目の一方的な刷りこみそのものが、非道徳的である。道徳教育が、非道徳的な方法で行われるのは、自己矛盾である。道徳教育にとって重要なことは、子どもたち自身が、何が正しいことかを判断する能力を身につけることではないか。そして、その能力とは対話の能力であり、対話の技術自体が、対話によってのみ身につけることができるのである。

いま、「私もこれらの徳目が必ずしも間違っているとは思わない」と述べたが、実は、「伝統と文化の尊重」、「我が国と郷土を愛する」という点には、問題があると考えている。

「伝統と文化の尊重」については、すでにその問題点を指摘したので、くり返しになるが、「伝統や文化だから」という理由で機械的に尊重するのは、ベーコン流に言えば「劇場のイドラ」にとらわれた思考である。伝統や文化の中でも、「正しいもの」、「良いもの」を判断したうえで、それが良いものであるという理由によって尊重し、「悪しき伝統」は改善するように努力する態度を、子どもたちや、政治家たちにも、身につけてほしいものである。

「我が国と郷土を愛する」という点についてだが、『心のノート』や『私たちの道徳』には、「わが国」や「日本人」といった言葉がたくさん出てきて、「日本の伝統文化はすごい」といった話が書かれている。しかし、日本の学校では、在日外国人の子どもたちも多数、学んでいるのである。もちろん、日本に住んでいる子どもたちが、自分たちの住んでいる国や地域について知ることは、大切なことである。だが、「日本人はすごい」という書き方だと、「日本人」以外の日本に住んでいる人たちは、その共感の輪から排除されてしまう。この社会の中に、「日本人」と「日本人以外」という分断線が引かれてしまうことは、これからわれわれの周辺でますます進むであろう「グローバル化」に逆行し、社会を不安定化させるおそれがある。

子どもたちには、そして政治家たちにも、「他者の目」から社会を見ることができるような、多面的な思考力を身につけてほしい。何度も言うが、そうした力を身につけるためには、「対話の技術」を訓練することが必要なのである。

対話を破壊する、教育への政治介入

ところが、対話による合意形成を訓練しようとする教育は、どういうわけか「中立性に問題がある」などと言って攻撃されているのが、現実である。

二〇一五年に、公職選挙法が改正され、国政選挙への参政権が一八歳に引き下げられた。それに対応して、多くの高校では「主権者教育」が試みられようとしている。文科省は、一九六九年以来「禁止」としてきた高校生の政治活動を容認する通知を出した。[35] そうした動きに対して、自民党の政治家から、政権批判を封じるような反応が出ている。

たとえば、二〇一五年六月、山口県の県立高校で、安保法案について生徒が調べて発表し、どの意見にもっとも説得力があったかを投票する授業が行われた。その結果、法案に反対する意見が最多の得票を集めた。これに対して自民党の県会議員が、議会で「政治的中立性に問題がある」と質問、教育長が謝罪した。その教育長は、取材に対して「高校生に賛否を問うこと自体に疑問がある」と述べたという。[36]

その授業が具体的にどういう授業だったのか、指導した教員はどのように考えていたのかといった詳細は、私の知る限り報道されていないので、分からない。それゆえ、ここで書いた程度の情報をもとにして言うしかないのだが、こうした授業は、私が言う「対話による合意形成」の実践を試みようとするものだと思う。ただ、徹底した討論で合意形成する前に、多数決を取ったのだとしたら、少々残念ではあるが、現実の国会でも強行採決を行ったりしているのだから、高校の授業でも性急に採決したからといって、必ずしも政治家に責める資格があるとは思えない。

それに対して、この政治家の行った批判は、「教育への不当な干渉」以外のなにものでもない。さらに、批判された教育長が、「高校生に賛否を問うことに疑問がある」と言ったというのは、さらに残念である。そのように生徒を信用しない者が、教育にたずさわるべきではないと思う。生徒を信用しないなら、必然的に、生徒への対応は「上から目線」の押しつけ、刷りこみになるほかないからである。

もちろん、この授業において、教員が特定の方向に生徒を誘導したのなら、たしかに「政治的中立性」に問題があるだろう。教員が指導する場合に、政治的中立性を保つのは当然である。対話においては、なるべく多面的な視点からものごとを検討することが必要だからだ。

私は、個人的には安保法案には反対だが、もし学生が「安保法案に反対」という立場の主張だけを列挙してレポート発表でもしたら、「賛成の立場を検討せよ」と指示するだろう。学生が「日本が戦争に巻きこまれる」と言ったら、「法案のどの条文が原因となって、具体的にどういう場所でどういう形で巻きこまれる可能性があるのか、検討しなさい」とコメントするだろう。事実を確認し、起こりえる事態とその確率を検討することは、ものごとを評価し判断するうえで必須のプロセスである。そうしたプロセスを実践する能力が身につくように、できる限り一次資料と学問的な研究を参照させるようにする。

しかし、生徒たちが、自分たちで賛否両論を比較検討したうえで出した結論が、政権の方針と異なっていたからといって「政治的中立性に問題」があるとは言えない。この件を批判した政治家が、具体的にどのような点について「政治的中立性に問題がある」と考えたのかは不明だが、もしも高校生の出した結論が政権の方針と違うから、という理由だったとすると、それは見当違いの批判である。教員には政治的中立性を保つ義務があるが、教えられる側の高校生に、政治的中立性を保つ義務はないからである。どのような理由でそんな義務が求められるのか、私には理解できない。高校生が政治的立場を持ってはいけないと言うなら、いつから持ってよいのか？　合理的で妥当な政治的立場の作り方を、誰がどこで教えてくれるのか？　「高校生は勉強に専念すべきだ」と言うのかもしれないが、政治的立場を持つことと、他の教科を勉強することは、まったく問題なく両立可能である。それに、対話の技術の習得を目的とした主権者教育ほど重要な勉強が、他にあろうか。

きちんと対話したうえで、こちらの授業では結論として安保法案反対、そちらの授業では賛成、というように、あちこちの授業で賛否それぞれの結論が出るなら、全体として「中立」である。もしも全国の高校のほとんどで「反対」の結論が出るようなら、そうした法案は妥当でない可能性が高く、考え直すべきは賛成派だということではないか。国会での議論を見る限り、そこで高校生には到底できないような高度な議論が戦わされたとは思えない。むしろ、高校生が見てもおかしいと思うような、論点のすりかえや感情的な応酬が展開されたというのが実態である。高校生が、自分の主張に反対の結論を出すと怒る政治家にこそ、きちんとした主権者教育を受け、対話の技術を学んでほしいものである。

高校生に「政治的中立」を求めるような「主権者教育」はかえって有害である。賛否両論を十分に踏まえ、多面的に考えたうえで合意形成するという技術が身につかず、両論を単に聞き置いて、結論は「人それぞれで決めればよい」といった無責任な態度がますます蔓延することになる。

しかし、こうした政治家による介入を受けて、現場に不安が広がったこともあり、文科省は「Q&A集」を作って配布したという。現物がウェブに公開されていないので、新聞報道によるが、「政治活動を校内では禁止するという校則を定めても不当ではない」と記述するなど、高校生の政治活動を抑制する方向だという。[37] 今後はますます、対話による合意形成を学ぶ「主権者教育」は排除されるのかもしれない。

そうした流れが続くと、政治的な問題についての議論から一般市民が遠ざけられ、そうした議論を世襲的特権階級に独占させることになってしまうだろう。社会の出来事に関心を持ち、主権者として考える人が減っていくと、選挙の投票率も下がり、選挙は、世襲的特権階級に権威を与えるための単なる儀式になってしまう。それは、民主主義の死である。

5 対話が人を育て、人をつなぐ

この章では、「正しさは人それぞれ」という学生の発言を出発点に、コンパッションや怒りを動機とする対話によって、「共有された正しさ」としての倫理が形成されることを、長々と論じてきた。そうした「正しさ」を探すための対話の技術について、具体的に検討してきた。さらには、道徳教育として、対話の技術を教えることが重要であることも論じた。最後に、この章の議論を簡単に振り返っておこう。

まず、怒りは「不正」を告げ知らせる感情であり、「人に対してなすべきこと、なすべきでないこと」を考える倫理学の領域を開くものだということである。そして、コンパッションは、自分自身だけでなく、他人についても「正しさ」を実現するための行動を動機づける点で、功利主義に還元できない人間的な倫理や道徳の基礎となる。

もちろん、感情は個人的で、その人の立場に依存するものだから、誰しもが認める「正しさ」の根拠とはならない。感情は、自分の行動の動機になるが、自分以外の人にとって説得力があるとは限らないのである。しかも、怒りの感情は、「相手に報復したい」という欲望と、それとは矛盾する「相手に反省してほしい」という欲望を同時に抱かせる。多くの場合、怒りは、一つ目の欲望に従って、相手を攻撃する行動を動機づけるのだが、自分の怒りを収め、不正を解決するためには、報復の欲望は抑えて、対話を図ることが得策である。

その対話は、相手を理解し、自分を理解してもらい、また自分自身を自分で理解するという形で展開することが理想的である。感情ではなく、客観的な事実と合理的な予測にもとづいて、結論が導かれるべきである。そして、双方が納得する合意が得られれば、そのとき、「正しさ」も決まる。「意見が対立したとき、どちらが正しいか」は、対立している最中には分からないが、だからこそ、共有できる「正しさ」を対話によって作っていかなければならないのである。こうした「正しさ」の共有の輪を拡大していくことで、法律も決められていく。

つまり、対話こそが民主主義社会を支える倫理的な方法であり、道徳教育や主権者教育は、対話の技術を習得させることを目的として行うべきなのである。

このように言うと、「そんなのは非現実的だ」という非難の大合唱が聞こえるようである。私も、ここで書いたようなことが、容易に実現可能だと考えるほど楽観的ではない。しかし、困難だからやらなくてよい、ということにはならない。対話で決まらないなら、暴力で決めるしかなくなってしまう。「人それぞれ」といって対話をしないで済ませるなら、力のある側が、粛々と自分の主張を実行してしまう。おそらく、「そんなのは非現実的だ」と合唱される多くの方は、「力のある側」に属されているわけではなく、「普通の市民」の方々ではないかと思う。「非現実的だ」で済ませていると、自分たちの首が絞まるのである。

そうならないためには、まず、実現困難であれ、どのように解決するのが理想的なのかというモデルを示すことが大切である。ここで考えてきたことは、そのための一つの提案である。

私は、「人間は悪に流れがちだが、善をなすこともできる」と信じる程度には楽天的である。これさえ信じられない人は、他の人を自分の思うとおりに動かさないと気が済まなくなってしまうのだろう。それで、異論を許さぬトップダウン体制を作り上げようとするのだろう。昨今、日本社会は、相当な勢いでそういう方向に流れていっているように思われる。支配される側に立って考えてみれば、リーダーシップのある権力者に依存していれば、自分で考えることなく、人に決めてもらえるので楽、なのかもしれない。

しかし、楽だということは、自分ではやらなくなる、ということである。ましてや、トップダウン体制に批判的な人が、それを強要されたら、自分で考える意欲や、事態を改善するために主体的に取り組もうという意欲をなくしてしまう。しかも、トップダウン体制は、トップが愚かだと全体が誤った方向に進んでしまうという大きな問題を抱えている。

それから、「スタンフォード監獄実験」（２１７頁）を少し思い出していただきたい。人間には、権力を握ったときに、自分に服従する人間を平気で虐待するという傾向があるのだ。権力者にこびておけば安全、などということはないのである。人間には、自分にこびへつらう者への要求をエスカレートさせる傾向さえある。

対話による合意形成という道は、一見すると非効率的だが、一人のトップが思いつくよりも、ものごとを多面的に捉えることができる。しかも、この道は、倫理にかなった道であり、対話に参加する人たちの主体的な意欲が高まるという大きなメリットがある。多くの人が、粘り強く対話や自己反省を重ね、対話することや、自分を成長させることに慣れていってほしいと願っている。

なにしろ、民主主義とはすべての市民が賢くなければならないという無茶苦茶を要求する制度なのである。そして、対話のみが賢明な市民を育て、民主主義的な社会を作る。対話の回路が遮断されてしまえば、民主主義は緩慢な死を迎え、多くの市民が気づかないうちに、世襲的特権階級が支配する階級社会になってしまうだろう。


（本文中、敬称は省略しています）

あとがき

少し前、『コピペと言われないレポートの書き方教室』（新曜社、二〇一三年）という本を出した。これは、レポートの書き方を学ぶことをつうじて、学生に、「感情に流されず、自分の意見を客観的に根拠づけて主張する技術」を習得してもらおうと思って書いたものである。そして、その本を読んだ、日本実業出版社編集部の方より、「大学生だけでなく、一般の人にも読んでほしい内容だと思いました。ぜひ、そういう趣旨で一冊、書いていただきたい」と依頼されて書いたのが、この本である。

最初、「自分の意見を客観的に根拠づけて主張する技術」を、簡便にマニュアル的に示す本、を書くつもりだったのだが、そうした技術の必要性を説明するために、昨今の日本社会に蔓延する「対話を遮断する風潮」の問題点について書いているうちに、単なる「マニュアル本」というよりは、むしろ、「人文書」になってしまったようである。

いま、日本社会は大きな曲がり角を迎えており、これまでの経済や社会保障のあり方が早晩破綻しそうだということを、多くの人が不安とともに感じているだろう。しかし、昨今の社会に蔓延する「個性尊重論」や、一見するとそれと裏腹だが実は表裏一体の「トップダウン体制肯定論」が、人々の対話を阻み、人々を分断させている。それが、今後の社会のあるべき姿を考えるうえで、大きな障害になっている。本書の「人文書」的な部分は、そうした現状の背景や問題点を検討したものである。そうした議論は、一見すると遠回りのようだが、何か技術を身につけるためには、なぜそれを身につけなければいけないのかという目的意識を明確に持つことが必要である。「人文書」的な部分は、そのために役立つのではないかと思う。

また、そうした議論を展開することで、私自身が「自分の意見を作る作業」を実践してみたつもりである。もちろん、私の意見や立場に批判的な方も多くおられるだろう。そうした方には、ぜひ、単に感情的に反発するのではなく、自分の意見や立場を、多面的な視点に立って反省し、客観的に根拠づけて主張していただければと思う。そうすることで、「人をつなぐ対話の技術」を多くの方が身につけ、日本社会がこれ以上分断を深めないことを、そして、人々の間に、感情でなく理性でつながった連帯が広がっていくことを、願っている。

本書では、議論の行きがかり上、憲法や倫理や歴史について、いろいろなことを書いた。徳島大学総合科学部の同僚の中里見博さん（憲法学）、熊坂元大さん（倫理学）、吉岡宏祐さん（西洋史）、齊藤隆仁さん（物理学）には、それぞれの専門の立場から、草稿に対して有益なコメントをいただいた。この場を借りて感謝したい。

学者には、「一匹狼」的なメンタリティの人が多いが、曲がり角の向こう側にある、望ましい社会のあり方を指し示すためには、学者も連帯し、さまざまな専門分野からの知見を結集することが必要である。本書が、その小さな一歩になることを、願っている。

著者

注

第1章

1　試みに「集会　会場を貸さない」とグーグルで検索してみたところ、「シールズ（自由と民主主義のための学生緊急行動）の集会に立教大が会場使用拒否」、「弘前文化センターが、憲法集会に会場を貸さないと言った」、「大阪市が教職員組合の研究教育集会場として小学校を貸すのを拒否」、「平和や原発を考える集会に明治大学が会場提供を拒否」、「上野千鶴子氏の講演会を山梨市が一方的に中止」、「金沢市、軍事パレード反対集会に市庁舎前広場の使用を不許可」など、全国津々浦々の自治体や団体で会場使用拒否の輪が広がっているようである。

　ただし、以前から会場使用拒否が行われていて近年顕在化したのか、実際に近年になって頻発しているのか、政権に反対する集会と賛成する集会が同じように拒否されているのか、といったことまでは、厳密に調査してみないと分からない。

2　評論家の古谷経衡は、「ネトウヨ弱者説は誤りで、実際は彼らは首都圏の中産階級水準である」と主張している（出典：Yahoo! Japan ニュース『ネトウヨ』は社会的弱者ではない。だからこそ、根が深い」[http://bylines.news.yahoo.co.jp/furuyatsunehira/20150807-00048268/]）。

　また、ネトウヨの一つの典型とも言える「在特会（在日特権を許さない市民の会）」を調査した樋口直人「排外主義運動のミクロ動員過程─なぜ在特会は動員に成功したのか」（『アジア太平洋レビュー』二〇一二年、二─一六頁）でも、「経済状況が悪く政治的な立場もはっきりしない、社会の周辺にある者が寄る辺なき自己への不安から排外主義を支持する、という見方は活動家に関しては誤りといってよい」と結論している [https://www.keiho-u.ac.jp/research/asia-pacific/pdf/review_2012-01.pdf]。

3　念のため言っておけば、五・一五事件で殺害された犬養毅首相が、暗殺に来た青年将校に対して言ったとされる言葉である。

4　自民党の片山さつき参議院議員が、国会で、さる芸人の母親の「生活保護不正受給」を名指しで取り上げて批判したことが、生活保護費の切り下げにつながった。しかし、実はこの件の受給は正規の手続きにのっとって行われたもので、法的には「不正受給」でなかった。村上裕一『ネトウヨ化する日本』

（KADOKAWA、二〇一四年）によると、「片山は国会議員でありながらネットのデマに踊らされている節があり、しばしば問題視されている」そうである（一八四頁）。こうした事例を考えると、私は楽観的すぎるかもしれない。

5　やや古いデータだが、メディア研究者の辻大介は、「インターネットにおける『右傾化』現象に関する実証研究」（二〇〇八年）において、「一般的なインターネット利用者におけるネット右翼の比率は一％を下回る」と推定している [http://www.d-tsuji.com/paper/r04/report04.pdf]。
　また、古谷経衡は、前掲の記事で、ネット右翼の全国的人口を、「およそ一五〇万から二〇〇万人程度」と推計している。だとすると、人口比で言えば一・五％前後である。

6　二〇一五年六月一〇日の衆議院「我が国及び国際社会の平和安全法制に関する特別委員会」での菅義偉官房長官の発言。発言の正確な内容は、以下の衆議院議事録を参照 [http://www.shugiin.go.jp/internet/itdb_kaigiroku.nsf/html/kaigiroku/029818920150610008.htm]。

7　「安倍総理、平和安全法制の必要性訴える」、自由民主党機関紙『自由民主』二六五九号（二〇一五年七月二一日）。該当箇所は [https://www.jimin.jp/activity/colum/128310.html]。

8　二〇一五年六月七日TBS「サンデーモーニング」の報道による。

9　吉田敏浩他『検証・法治国家崩壊』（創元社、二〇一四年）。

10　一九七二年衆議院決算委員会に提出された集団的自衛権に関する政府見解資料。原文を民主党の小西ひろゆき参議院議員がウェブに公開している [http://konishi-hiroyuki.jp/wp-content/uploads/04201-4.pdf]。

11　この本の原稿を書いている時点で、最新の違憲判決は、二〇一五年一二月一六日の「民法における女性の再婚禁止期間六カ月のうち、一〇〇日を超える部分については違憲」とした判決である。

12　デイヴィッド・ロー『日本の最高裁を解剖する』（西川伸一訳、現代人文社、二〇一三年）。同書は、日本の最高裁判所がなぜそうなのかを、自民党政権による最高裁判事の任命といった外的事情や、過度の政治介入を避けたい最高裁自身の側の事情などについて、多角的に検討した良書である。

13　最高裁刑事判例集一三・一三・三三二五。最高裁判例情報に収められた判決文のＵＲＬは、[http://www.courts.go.jp/app/files/hanrei_jp/816/055816_hanrei.pdf]。

14　衆議院「国家基本政策委員会合同審査会」平成一六年一一月一〇日（水曜日）議事録 [http://www.shugiin.go.jp/internet/itdb_kaigiroku.nsf/html/kaigiroku/008816120041110002.htm]。

15　森本あんり『反知性主義　アメリカが生んだ「熱病」の正体』（新潮社、二〇一五年）。

16　文部科学省「国立大学法人等の組織及び業務全般の見直しについて（通知）」[http://www.mext.go.jp/b_menu/shingi/chousa/koutou/062/gijiroku/__icsFiles/afieldfile/2015/06/16/1358924_3_1.pdf]。

17　読売新聞の二〇一五年六月一七日付社説「国立大学改革　人文系を安易に切り捨てるな」など。

18　日本学術会議幹事会声明「これからの大学のあり方―特に教員養成・人文社会科学系のあり方―に関する議論に寄せて」（二〇一五年七月二三日）[http://www.scj.go.jp/ja/info/kohyo/pdf/kohyo-23-kanji-1.pdf]。

19　日本経済団体連合会「国立大学改革に関する考え方」（二〇一五年九月九日）[http://www.keidanren.or.jp/policy/2015/076.html]。

20　毎日新聞「国立大・文系廃止通知：下村文科相『見直し求めた』と釈明」（二〇一五年九月一二日）。

21　東京新聞「千葉大、文学部で学科統合　国立大文系学部の再編」（二〇一五年一〇月二六日）。

22　『平成一六年度文部科学白書』第二部第三章第一節二「国立大学の法人化等」[http://www.mext.go.jp/b_menu/hakusho/html/hpab200401/hpab200401_2_143.html]。

23　「学問の自由」に関する憲法解釈の概観としては、成嶋隆「新自由主義と国立大学法人法」（細井克彦編『新自由主義大学改革』東信堂、二〇一四年、二二八―二四三頁）を参照。

24　その法的根拠は「教育公務員特例法」だが、二〇〇四年に国立大学が独立行政法人化され、その教員は公務員ではなくなったため、国立大学はこの法律による教授会の自治権等の保障の適用対象外となった。独立行政法人化は、国立大学教員をこの法律の保護から外すことが一つの目的だったとさえ言われる。現在もその条文自身は残っているが、それが保護する対象の「公務員としての大学教員」は存在しなくなったので、空文化している。

25 政府や文科省の介入が「不当な支配」に入るのかという点については議論があるが、三宅晶子によると、少なくとも教育基本法が制定された当初の目的は、戦前の国家主義的な教育の改革であり、政府が教育内容に干渉することを禁止する趣旨だったという。しかし、その趣旨は、その後の運用で切り崩されてきて、二〇〇六年、第一次安倍晋三政権下で、とうとう条文そのものの改正に至ったのである（三宅晶子「『私たちの道徳』の「私たち」とはだれなのか?」『現代思想』二〇一四年四月号、一三二―一四七頁）。

26 「大学改革」が財界の意向にもとづくものであることは、日本経済団体連合会（経団連）や経済同友会といった財界団体が政府に出した「提言」の内容が、ほぼそのまま大学改革政策として実施されていることから明らかである。経団連、同友会とも、「提言」はウェブサイトで閲覧できる（経団連「政策提言・調査報告」[http://www.keidanren.or.jp/policy/]、経済同友会「提言・意見書・報告書」[http://www.doyukai.or.jp/policyproposals/]）。

27 ただし、多くの国立大学では、「学内意向投票」などと名称を変更して、事実上の学長選挙を行っている。ただし、法律上は、学長の選考は「学長選考会議」が行うので、投票結果は単なる「参考意見」という扱いだが、多くの大学では、投票で一位になった候補者が学長に選ばれている。現在、政府は、そうした意向調査さえもやめさせるために、各大学の内規である「学長選考規則」に干渉して、学内意向投票の結果を「尊重する」などとした内規は、改正するように「指導」している。

28 その他、教育への行政の関与を強化するための制度変更として、教員免許更新制の導入（二〇〇七年）や、教育委員会改革（二〇一四年）なども行われたが、ここでは教育改革について詳細は論じない。

29 両者とも、独立行政法人化が避けられないと見ると賛成に転じ、制度設計に関与することを選んだ。その間の経緯については、細井克彦「新自由主義と国立大学法人」（前掲の『新自由主義大学改革』二〇八―二一七頁）などを参照。

30 独立行政法人化当初の二〇〇四年度に一兆二四一五億円あった国立大学への予算は、二〇一五年度には一兆九四五億円と、一四七〇億円（〇四年度比で一二%弱）も減額された。

31 内閣府「総合科学技術・イノベーション会議・基礎研究及び人材育成部会第1回会合」、配布資料一覧の参考資料2に、エルゼビア社のデータにもとづくグラフが掲示されている［http://www8.cao.go.jp/cstp/tyousakai/innovation/jinzai/1kai/index.html］。

32 経済同友会「私立大学におけるガバナンス改革――高等教育の質の向上を目指して」（二〇一三年三月二六日）［http://www.doyukai.or.jp/policyproposals/articles/2011/120326a.html］。

　この文書が「私立大学における」と銘打たれているのは、「国立大学や公立大学は平成16年の法人化により大幅な組織体制の変更が行われ、学長の権限強化、学長選挙の廃止、教学と経営の分離、さらには大学経営に関する外部人材の活用などが実施された。この結果、国公立大についてはガバナンスの枠組みは整った」ので、私立大学についても同様のトップダウン体制を導入しようという考えによる。

33 池内了「危機に瀕する大学　学校教育法の改正問題」『現代思想』二〇一四年一〇月号、二八―三一頁。

34 以下のとおり改正された。

　旧学校教育法第九三条　大学には、重要な事項を審議するため、教授会を置かなければならない。

　改正学校教育法第九三条　大学に、教授会を置く。

　2　教授会は、学長が次に掲げる事項について決定を行うに当たり意見を述べるものとする。

　一　学生の入学、卒業及び課程の修了

　二　学位の授与

　三　前二号に掲げるもののほか、教育研究に関する重要な事項で、教授会の意見を聴くことが必要なものとして学長が定めるもの

　3　教授会は、前項に規定するもののほか、学長及び学部長その他の教授会が置かれる組織の長（以下この項において「学長等」という。）がつかさどる教育研究に関する事項について審議し、及び学長等の求めに応じ、意見を述べることができる。

35 国税庁の平成二五年度「会社標本調査　第11表　法人数の内訳」［https://www.nta.go.jp/kohyo/tokei/kokuzeicho/kaishahyohon2013/pdf/11.pdf］によると、「特定同族会社」が五三一四社、「同族会社」が二四七万七九五七社に対して、「非同族会社」は一〇万一〇六九社と、同族会社がなんと九六%以上を占める。なお、法人税法上の「特定同

族会社」の定義は「発行済株式総数の五〇%超を一株主グループにより支配されている会社」、「同族会社」は上位三株主グループが五〇%超を支配する会社である。ただし、保有する株式の比率が五〇%以下であっても創業者一族が経営を支配している会社や、買収防衛のために経営者が多くの株式を保有している会社も存在するので、「同族会社」と「同族経営」は完全にイコールではない。

第2章

1　沖縄県の人口は二〇一五年一〇月一日推計で一四二万九五二九人（沖縄県統計資料ウェブサイト「推計人口」[http://www.pref.okinawa.jp/toukeika/estimates/estimates_suikei.html]）であるのに対し、日本の総人口は一億二六九二万九千人（総務省統計局「人口推計（平成二七年六月確定値、平成二七年一一月概算値）」[http://www.stat.go.jp/data/jinsui/new.htm]）。

2　これはフランス革命期の思想家コンドルセが説いたいわゆる「陪審定理」である。一人一人が正解する確率が五〇%を超える場合、多数決に参加する人数が増えれば多数決の結果が「正解」である確率は飛躍的に高まる（投票者がそれぞれ独立して結論を出した場合）。

陪審定理のほか、多数決全般の理論的問題を扱ったものとして、坂井豊貴『多数決を疑う　社会的選択理論とは何か』（岩波新書、二〇一五年）を参照。同書は、民衆の意見が分かれる場合に、もっとも妥当な意見を発見する方法を考察しており参考になる。

3　たとえば、二〇〇九年の衆議院議員選挙の費用については、総務省「行政事業レビューシート（事業番号〇〇一九）」で、「予算額六七七億七〇〇万円、執行額五九八億四四〇〇万円」とされている[http://www.soumu.go.jp/main_content/000081581.pdf]。

4　*Essays on politics and society, in Collected works of John Stuart Mill Vol. XIX*, University of Toronto Press (1977), p.458. 水田洋訳の岩波文庫版（一九九七年）では一九三頁に該当。なお「公正な討議の場で」と訳した原語はin a fair fieldである。

5　前掲のToronto University Press版の四七〇頁、岩波文庫版の二一九頁。ここの訳文は岩波文庫版。

6　総務省「国政選挙における投票率の推移」[http://www.soumu.go.jp/senkyo/senkyo_s/

news/sonota/ritu/]。

7　選挙結果のデータについては、総務省の「選挙関連資料」を参照。二〇〇九年の総選挙は［http://www.soumu.go.jp/senkyo/senkyo_s/data/shugiin45/]、二〇一二年は［http://www.soumu.go.jp/senkyo/senkyo_s/data/shugiin46/]。

8　近年、日本に限らず世界的に住民投票を重視する傾向が見られるようである。住民投票のメリット、デメリットに関する考察として、山岡規雄「シリーズ憲法の論点②直接民主制の論点」（国会図書館調査及び立法考査局、二〇〇四年［http://www.ndl.go.jp/jp/diet/publication/document/2004/200402.pdf]）、村上弘「スイスの住民投票　直接民主制と間接民主制の共鳴？」（『立命館法学』一九九六年六号［http://www.ritsumei.ac.jp/acd/cg/law/lex/96-6/murakami.htm]）などを参照。

9　シュンペーター自身は、中世の国家を「国家」とは呼ばず、「封建団体」と呼んでいる。「国家（ドイツ語でStaat、英語ならstate）」は、近代における統治機構独特の形態だからである。

10　最高裁判所判例平成五年（行ツ）一六三、判決の本文は以下ＵＲＬを参照［http://www.courts.go.jp/app/files/hanrei_jp/525/052525_hanrei.pdf]。「行ツ」とは最高裁の上告事件を指す。

11　首相官邸「The Constitution and Government of Japan」［http://japan.kantei.go.jp/constitution_and_government/frame_01.html]。

12　国立国会図書館「日本国憲法の誕生　ＧＨＱ草案　一九四六年二月一三日」［http://www.ndl.go.jp/constitution/shiryo/03/076shoshi.html]ArticleXIV.を参照。

13　厳密に言えば、「市民」とは「ピープル」でなく「シティズンcitizen」の訳語で、その語源はラテン語のcivis（都市国家：civitasの自由民）である。

14　「経済のグローバル化」が、輸送システムや情報システムの発展に伴う「歴史の自然な展開」だと考える人が多いようだが、実はアメリカ的な「新自由主義」がなかば暴力的に各国に押しつけられた結果だという有力な批判がある。詳しくは、ジョセフ・スティグリッツ『世界を不幸にしたグローバリズムの正体』（鈴木主税訳、徳間書店、二〇〇二年）やデヴィッド・ハーヴェイ『新自由主義　その歴史的展開と現在』（渡辺治監訳、作品社、二〇〇七年）などを参照。彼らの主張によると、「新自由主義」

はグローバル化による経済発展を旗印としているが、その実態は資本家層による資本蓄積（ありていに言って、貧乏人や開発途上国からお金を集めて金持ちや先進国に配ること）だというのである。

15 翻訳としては、水田洋訳の岩波文庫版（第一巻一九五四年〜第四巻一九八五年）が入手しやすい。

16 いくつかの翻訳があるが、手に入れやすいのは加藤節訳の岩波文庫版（二〇一〇年）だろう。

17 ロックは、社会契約によって形成されるものを「国家：state」とは呼ばず、「コモンウェルス：commonwealth」と呼ぶ。ここでは「共同体」と訳したが、語源的には、見て明らかなとおり「共通の幸福」である。

18 ロック自身が、たとえば後篇の第八章で「相互に独立で平等な一団の人々が、一緒に集合し、このような仕方で統治を始めたり、樹立したりした実例を歴史のなかに見出すことはできない」、「人々は統治の下に生まれ、それに服従すべきであって、自由に新しい統治体を始めることはできない」（岩波文庫版、四一〇頁）という反論を取り上げて検討している。ロックは、最初の統治体の成立は文字による記録より古い、古代ローマやヴェニスはまさしくそうして始まった、などの論拠を挙げつつ、「理性は、明らかに、人間が生来的に自由であるとするわれわれの側に味方している」（四一四頁）と結論づける（傍点は引用者による）。つまり社会契約による国家の形成とは、歴史的事実の問題ではなく、理性上の（理論的な）問題だということである。

19 原文はアメリカ国会図書館など、複数の機関が公表している。「Declaration Independence United States」などのキーワードでインターネットを検索してみると容易に見つかるだろう。翻訳は、高木八尺他編『人権宣言集』（岩波文庫、一九五七年）に収められている。

20 「共同体」と訳したルソーの言葉は、「リパブリック：république」である。この言葉は、通常、「共和国」と訳されるが、語源を言えば、ラテン語の「もの：res」＋「人民の：publicus」であり、人々が集まって形成する共同体のことである。

21 正確に言えば、ルソーの主張は二段がまえである。ルソーは、共同体を形成するための最初の社会契約は、全員一致でなければならないとする。つまり、契約に賛成しない者は共同体に参加させないということである。そして、ひとたび共同体に参加した後で、共同体の「一般意思」に従わない者は処罰される、とする。

22　まともな議会がそんな恥知らずな法律を作るわけはない、と思われるかもしれないが、これまで日本における消費税の導入や税率アップは、所得税の累進税率緩和や法人税の減税といつもセットだった。これは実質的には貧乏人から金を集めて金持ちに配るのと同じことである。消費税で得た税収を社会保障費に回すのであれば、そうした傾向は緩和されるが、財政赤字解消（国債の償還）に充てるのであれば、もっと直接的にそうなる。国債を持っているのは、普通は金持ちだからである。

23　ただし、ルソーは原則的に代議制を認めなかったので、そのまま受けついだわけではない。それから、混乱を招くと思って本文中では説明しなかったが、ルソー自身は「民主制（デモクラシー）」という言葉を、立法ではなく行政への市民の直接参加という意味で用いている。

24　翻訳がWikisource「アメリカ合衆国憲法」に公開されている。ＵＲＬは［https://ja.wikisource.org/wiki/アメリカ合衆国憲法］。
　また原文もWikisourceに公開されている。三分割されており、それぞれ「Constitution of the United States of America」、「United States Bill of Rights」、「Additional amendments to the United States Constitution」というタイトルが付けられている。ＵＲＬはそれぞれ、［https://en.wikisource.org/wiki/Constitution_of_the_United_States_of_America］、［https://en.wikisource.org/wiki/United_States_Bill_of_Rights］、［https://en.wikisource.org/wiki/Additional_amendments_to_the_United_States_Constitution］。

25　National Constitution Center［http://constitutioncenter.org/about］。

26　『人権宣言集』（前掲）の、「合衆国憲法修正一〇カ条（一七九一年）」の「解説」による（一二〇頁）。

27　英語ならこれも「コンスティテューション」だが、フランス語であればそうは呼ばれず、一八一四年と一八三〇年の王制の際の「欽定憲法」は、「恩恵として与えられた憲章：charte octroyée」であって「コンスティテューション」ではない。フランスにおける法制度の概要については滝沢正『フランス法』（三省堂、一九九七年）を参照。

28　日本国憲法をはじめ、日本の法律は総務省の「法令データ提供システム」で読むことができる[http://law.e-gov.go.jp/]。

なお、「全体として」という留保を付けているのは、日本国憲法が天皇制を残しており、君主でもない「象徴」天皇の人権が制限されている点で、民主主義の理念を完全に表現しているわけではないからである。

29　朝日新聞「日本国憲法は今も最先端　米法学者ら、一八八カ国を分析」（二〇一二年五月三日）。ちなみに、その「二〇の権利」とは、信教の自由・表現の自由・平等の保障・私有財産権・プライバシー権・不当逮捕の禁止・集会の権利・団結権・女性の権利・移動の自由・裁判を受ける権利・拷問の禁止・投票権・労働権・教育の権利・違憲立法審査権・遡及処罰の禁止・身体的権利・生活権・推定無罪で、日本国憲法が規定していないのは最後の「推定無罪」のみである。

30　改憲草案は、自民党ウェブサイトに公開されている[https://www.jimin.jp/policy/policy_topics/pdf/seisaku-109.pdf]。

31　The Huffington Postの記事「安保法制に『違憲訴訟を準備』小林節氏・長谷部恭男氏が安倍政権を批判」による。なお、この二人は、先に述べた憲法審査会で、安保法案に「違憲」の意見を述べた憲法学者である[http://www.huffingtonpost.jp/2015/06/15/national-security-law-unconstitutional_n_7584650.html]。

32　二〇一三年五月一四日の衆議院予算委員会で、社民党の福島みずほが列挙したもの（出典：国会会議録検索システム[http://kokkai.ndl.go.jp/]）。

33　国家が真に民主的なものである場合に限って、「国防の義務」は、「デューティ」と言ってもよい。

34　自民党の「日本国憲法改正草案Q&A増補版」[http://www.jimin.jp/policy/pamphlet/pdf/kenpou_qa.pdf]によると、「憲法も法であり、遵守するのは余りに当然」なのだそうだ。しかし、不可解なことに、日本国憲法では憲法遵守義務を負う者の筆頭に挙げられている「天皇及び摂政」が、この草案では省かれている。「政治的権能を有しない天皇及び摂政に憲法擁護義務を課すことはできないと考え」たのだという。しかし、天皇が「政治的権能を有しない」のは、それが憲法に書いてあるからである。天皇がその憲法を遵守しなくてよいなら、

35 天皇は「政治的権能を持つことにしました。親政で独裁します」と勝手に決めてよいことになる。
具体的には、第二条「何人も、他人の権利を侵害せず、かつ、憲法的秩序又は道徳律に違反しない限りにおいて、自己の人格を自由に発展させる権利を有する」や、第五条第三項「(前略) 教授の自由は、憲法に対する忠誠を免除するものではない」など。訳文は、次に引用した第二〇条第四項も含め、『ドイツ憲法集　第6版』(高田敏他訳、信山社、二〇一〇年) より。

36 全権委任法の全文はウィキペディアに掲示されている。趣旨は、「国会でなく政府 (ヒトラーの内閣) が法律を作ることができる。政府は憲法に違反することができる」。
この法律については、自民党改憲草案を作成した「憲法改正推進本部」最高顧問の一人、麻生太郎が、憲法改正に関して「あの手口を学んだらどうかね」と発言したことでも話題となった (朝日新聞、二〇一三年八月一日)。実際に彼らは学んだらしく、自民党改憲草案の第九八条と第九九条は、ナチス全権委任法におおむね対応するものとなっている。この二つの条項では、「内閣総理大臣は緊急事態を宣言できる。それを宣言した時には、内閣は法律と同様の効力を持つ政令を制定できる」とされている。憲法に違反してもよいという明文はないが、この草案では人権は「公益」のために制限できるようになっているので、そもそも憲法が歯止めになっていない。

37 英語もこの二つの場合を区別しないが、これを区別する言語は少なくない。

38 毎日新聞「日本国憲法『改憲』無関心四割超高まらぬ議論」(二〇一五年五月三日)。

39 毎日新聞「日本の世論二〇一五」(二〇一五年一二月二三日)。

40 「ネイション」の語源は、ラテン語の「生まれる：nascor」という動詞である。つまり、本来の意味としては「生まれを同じくする者の集団」、日本語で言えば「同郷人」ということであり、必ずしも同じ「国」に帰属する者とは限らない。なお、「ネイション」は個々人ではなく、国民全体を指す集合名詞である。

41 「国家」と訳される英語の「ステイト：state」は、一義的には国家機関 (政府) のことであり、国民は含まない。日本語の「国家」という言葉には、国家機関（政府）だけでなく国民も含まれているニュアンスがある。つまり、「国家」一語で、「国民国家」というニュアンスがある。それゆえ、ここまでの議論では、「ステイト」について論じたいときに、誤解を招かないよう、なるべく「国家」という言葉を使わず、「国家権力」、「国家機関」、「政府」という言葉を使ってきた。

42 「国民」という言葉を無造作に使っていると、日本国の中に多様な国籍を持つ者やさまざまな言語の話者がいることが忘れられてしまうことは、言語が思考に影響を与えることの格好の例である。

なお、一九五〇年代ぐらいまでは、「言語が異なると知覚が異なる」という、いわゆる「サピア・ウォーフの仮説」が広く信じられていたが、その後の認知科学の研究により、「言語は知覚に影響することはない」という、考えてみれば当たり前の事実が確認されている。もしも言語によって見えるもの聞こえるもののあり方が変化するなら、他言語を理解することはできないし、そもそも言語を学ぶこともできない。言語と思考や知覚との関係については拙著『人間科学の哲学』（勁草書房、二〇〇五年）を参照。

43 ル・ゴフ『歴史と記憶』（立川孝一訳、法政大学出版局、一九九九年）。

44 個人的な経験談だが、大学生のころ（一九九〇年代初め）、青森にねぶた祭りを見物に行って民宿に泊まったところ、そこの高齢の女性の言葉がまったく理解できなかった。宿のおかみさんは、「ばあちゃんの言ってること、なまりがきつくてぜんぜん分かんねえだろ」と言っていたが、「ここまで分からないと、なまりというレベルじゃないな」と思った。

45 明治維新後の日本の国語政策については、イ・ヨンスク『「国語」という思想』（岩波書店、一九九六年）を参照。

46 日本における国民国家形成を多面的に捉えた本として、西川長夫・松宮秀治編『幕末・明治期の国民国家形成と文化変容』（新曜社、一九九五年）を参照。

47 ちなみに、残りの大半は、高度成長期に形成されたものだと考えてまず間違いない。ここでいちいち具体例は挙げないので、みなさんが「日本の伝統」と思われるものについて、その由来を調べてみられるとよい。

48 国立科学博物館、「更新世から縄文・弥生期にかけての日本人の変遷に関する総合的研究（平成一七年度〜平成二一年度日本学術振興会科学研究費補助金（基盤研究Ⓢ）による研究：課題番号一七一〇七〇〇六）」[http://www.kahaku.go.jp/research/department/anthropology/report02/index.html]。

49 フランスにおける言語政策については、田中克彦『ことばと国家』（岩波新書、一九八一年）を参照。

50 渡辺和行『近代フランスの歴史学と歴史家　クリオとナショナリズム』（ミネルヴァ書房、二〇〇九年）による。同書は、フランスにおける「歴史学」の誕生や歴史教育を、普仏戦争敗戦後のナショナリズムの高揚と関連づけた研究である。

51 二〇一四年に実施された、連合王国からの離脱を問う住民投票は、反対五五％で否決された。

52 饗場和彦「ルワンダにおける一九九四年のジェノサイド—その経緯、構造、国内的・国際的要因」（『徳島大学社会科学研究』第一九号、二〇〇六年、三五—八六頁）[http://web.ias.tokushima-u.ac.jp/bulletin/soc/soc19-3.pdf]。

53 「普通である」と留保をつけているのは、「遺伝的に劣った者を国民から排除する」という優生思想が一九七〇年ごろまでは多くの国で幅を利かせていたからである。ただし、優生思想は「遺伝的に劣った者が生まれてこないようにする」という思想であり、実際に生まれてきた場合には援助するべきであることは、多くの優生学者によって当然視されていた。だからこそ、「遺伝的に劣った者は社会にとって負担になる」というロジックが用いられたのである。優生思想の概略については拙論「出生前診断・着床前診断と優生学」（『公衆衛生』七八巻三号、二〇一四年、一七六—一八〇頁）を参照。

54 アンダーソンの『想像の共同体』第Ⅲ章「国民意識の起源」によると、国民国家の成立以前から、印刷機の普及により、いくつかの「本として出版される言語」が、よりマイナーな言語を押しのけて特権的な地位を獲得していたことが、国民国家成立の前提条件となったという。それによって、フランス語圏やドイツ語圏など、一つの言語が流通する領域が形成されていったからである。しかし、そうしたいわば下からの自然な成りゆきだけでは、権力的な統治機構を伴う国民国家は成立しなかっただろう。実際、現在の欧州において、一つの言語の流通している範囲と一国の範囲とは必ずしも一致していない。

55　ＥＵの理念、歴史その他についてはOfficial website of the European Union [http://europa.eu/] を参照。

56　ギリシアに端を発するいわゆる「ユーロ危機」についての簡便な解説としては中北徹『通貨を考える』（ちくま新書、二〇一二年）を参照。ただし、危機後の二〇一三年には、ユーロ圏各国に財政均衡ルールを課す財政条約が発効するなど、対応も進められている。

57　憲章の全文は下記サイトを参照。Council of Europe, European Charter for Regional or Minority Languages [http://www.coe.int/en/web/conventions/full-list/-/conventions/rms/090000168007bf4b]．

58　第2章の注2で述べたコンドルセの陪審定理は、ルソーの主張を確率論的に明確化したものである。ルソーとコンドルセの関係や、陪審定理については、沢田善太郎「コンドルセ『多数決論』の研究―陪審定理と啓蒙思想」（広島国際学院大学現代社会学部『現代社会学』五、二〇〇四年、三―二四頁）を参照。

59　実際、内閣府は、国内総生産（ＧＤＰ）に何を計上するのかの基準を五年に一度改定している。二〇一六年度には、「企業の研究開発投資」を計上するように変更する予定で、これにより日本のＧＤＰの数値は、経済の実態が何も変化しなくても三％程度増大する見こみという（日本経済新聞、二〇一五年九月二一日）。

60　ところが、ルソーの主張を真に受けたフランス革命政府の政治家たちは、実際に、結社の禁止を定めた法律を作ってしまう。一七九一年のいわゆる「ル・シャプリエ法」である。これは同業者団体（ギルド）の結成と労働組合の結成を禁止するもので、その後のフランスにおける労働運動にとって大きな障害となる。フランスで労働者の団結権が認められたのは一八八四年である。ちなみに、フランスで政党が結成されるのも二〇世紀に入ってからである。ル・シャプリエ法とルソーの思想の関係、さらには革命後のフランスにおける「中間団体」への規制については、井上すず「フランス革命とフランスの政治的伝統―中間団体廃止をめぐって」（『年報政治学』四一巻、一九九〇年、四三―六〇頁 [https://www.jstage.jst.go.jp/article/nenpouseijigaku1953/41/0/41_0_43/_article/-char/ja/]）を参照。

61　日常的な思考や論理についての私の見解は、拙著

『認知哲学　心と脳のエピステモロジー』（新曜社、二〇〇九年）の、とくに「記号を相手取る行動」と「総合判断」の章を参照。

62 最近でこそ、少子化が問題視されているが、一九七〇年代には、逆に、人口増加が地球環境にもたらす負荷が問題視されていた。ドネラ・メドウズ他『成長の限界　ローマ・クラブ「人類の危機」レポート』（大来佐武郎監訳、ダイヤモンド社、一九七二年）が代表的である。

63 二〇一三年に内閣府の有識者会議「少子化危機突破タスクフォース」が、そういう趣旨の手帳（「生命（いのち）と女性の手帳」）を作成して配布することを計画したのだが、女性団体などから「産むか産まないかに国が口を出すのか」と批判を受けて配布を取りやめた（朝日新聞、二〇一三年五月二九日）。

64 日本育英会奨学金の「返還特別免除制度」は一九九七年度をもって廃止された。これは奨学金をもらっていた学生が、卒業後に教育や研究の職に就き、その職を一五年間継続した場合には返還が免除される制度だった。現在、日本はOECD加盟国中唯一の給付型奨学金制度が存在しない国となっている。

65 “Numbers of young scientists declining in Japan”, *Nature* (20 March 2012) [http://www.nature.com/news/numbers-of-young-scientists-declining-in-japan-1.10254].

66 内閣府「司法制度改革審議会意見書」（二〇〇一年六月一二日）[http://www.kantei.go.jp/jp/sihouseido/report/ikensyo/]。

67 内閣府「司法制度改革審議会　審議委員名簿」[http://www.kantei.go.jp/jp/sihouseido/990803meibo.html]。

68 審議会がどのような議論を行っているのかについて、いわゆる「痴漢冤罪」を扱った映画『それでもボクはやってない』を撮った映画監督の周防正行が、「新時代の刑事司法制度特別部会」の委員に選ばれた際の様子を、『それでもボクは会議で闘う　ドキュメント刑事司法改革』（岩波書店、二〇一五年）で活写している。

この本は警察や検察に批判的な周防の立場から書かれたもので、警察代表や検察代表の見方は異なるのだろう。また、私が他の審議会の議事録を読む限りでは、多くの審議会では、この本で記されたような激論が戦わされるよりは、それぞれの委員の言いっぱなしで、議論があまりかみ合わっていない印象を持っている。この審議会には、周防のほか、「虚偽公文書作成」容疑の冤罪事件で被疑者として逮捕された元厚生労働省課長の村木厚子など、物おじせずに意見を述べる能力のある人たちが参加していたために、議論が盛り上がったのだろう。それゆえ、この審議会の議論はやや特殊なケースかもしれないが、それでも、この本からは、あまり一般市民に知られていない法律の原案作成過程が垣間見られるので、参考になる。

69　ケインズの出典は、『雇用、利子、お金の一般理論』（山形浩生訳、講談社、二〇一二年、二三二頁）。それをもとにした具体的な議論は、アカロフ&シラー『アニマルスピリット　人間の心理がマクロ経済を動かす』（山形浩生訳、東洋経済新報社、二〇〇九年）を参照。

70　厚生労働省「生活保護制度の概要等について」（二〇一三年一〇月四日）[http://www.mhlw.go.jp/file/05-Shingikai-12601000-Seisakutoukatsukan-Sanjikanshitsu_Shakaihoshoutantou/0000025830.pdf]。

71　日本には「失業手当」という制度があるが、これは文字どおり「失業」した人、つまりこれまで働いていて、その仕事を失った人にのみ給付される。はじめから就職できなかった人は、対象外である。

72　日本における財政や社会福祉の問題と租税抵抗については、佐藤滋・古市将人『租税抵抗の財政学　信頼と合意に基づく社会へ』（岩波書店、二〇一四年）を参照。

73　社会保障を税金でなく社会保険料でまかなう制度は、「受益者負担」という考えに陥りやすく、やはり社会の分断につながる。

74　井手英策『日本財政　転換の指針』（岩波新書、二〇一三年）。

75　OECD Government at a glance 2009によると、公務員の人口比についてOECD加盟国の平均は一四・三%であるのに対し日本は五・三%である（資料は本川裕『統計データが語る日本人の大きな誤解』日本経済新聞出版社、二〇一三年、六七頁より）。なお、この数字には、日本では制度上は「非公務員」扱いとなっている郵政職員や国立大学教職員など「公的部門の労働者」を含んでいる。

また、内閣人事局の資料では、二〇一三年現在の日本の「公的部門における職員数」は人口一〇〇〇人当たり三六・四人で、「小さな政府」推進の本家アメリカ合衆国の六五・五人（二〇一二年）と比較しても半分近い（出典：内閣官房「人口千人当たりの公的部門における職員数の国際比較（未定稿）」［http://www.cas.go.jp/jp/gaiyou/jimu/jinjikyoku/files/000272934.pdf］）。

昨今、行政サービスへの不満を持つ人が多いようだが、こうしたデータから考えれば、公務員の怠慢が原因ではなく、公務員が足りなさすぎて、機能不全を起こしているのが実態だと思われる。にもかかわらず、公務員の人数や人件費の削減を進めていけば、行政サービスは崩壊するだろう。

76　フェスティンガー『認知的不協和の理論　社会心理学序説』（末永俊郎監訳、誠信書房、一九六五年）。

77　「イギリスの人民は自由だと思っているが、それは大間違いだ。彼らが自由なのは、議員を選挙する間だけのことで、議員が選ばれるやいなや、イギリス人民はドレイとなり、無に帰してしまう」（『社会契約論』岩波文庫版、一三三頁）。

第3章

1　臨教審が日本の教育に及ぼした影響については多数の研究があるが、ここでは主に岩木秀夫『ゆとり教育から個性浪費社会へ』（ちくま新書、二〇〇四年）の記述を参考にした。

2　『教科書掲載作品　小・中学校編　読んでおきたい名著案内』（日外アソシエーツ、二〇〇八年、一三六頁）。

3　各大学が実施する「入学試験」で大学入学の可否が決まる制度は、世界的に見ると珍しい。ヨーロッパでは、高校卒業資格試験（フランスのバカロレア、ドイツのアビトゥーアなど）に合格すれば、好みの大学に入れる制度が一般的である。アメリカでは、非営利法人が実施する高校学力テスト（SATやACTなど）の成績に加えて、高校での活動や作文、面接などで総合的に評価する。そうした諸外国の制度をモデルにして、文科省「高大接続システム改革会議」は、二〇二〇年度から、現在の「大学入試センターテスト」を廃止し、「高等学校基礎学力テスト」と「大学入学希望者学力評価テスト」の二本立てにすることを答申したが、実際どの程度変わるのかは現在のところ不透明である。

4　「心は自己のうちに閉ざされたプライベートな世界」といった通俗的な見方に対する批判としては、河野哲也『〈心〉はからだの外にある　「エコロジカルな私」の哲学』（日本放送出版協会、二〇〇六年）などを参照。

5　人間は、自分たちが思っている以上に遺伝的な要因に影響されている。そのことを調べる科学に、「行動遺伝学」がある。安藤寿康『遺伝子の不都合な真実　すべての能力は遺伝である』（ちくま新書、二〇一二年）などを参照。

6　文科省「『心のノート』について（依頼）」（二〇〇二年四月二二日）。原文は、「大阪教育法研究会」が公表している [http://kohoken.s5.pf-x.net/cgi-bin/folio.cgi?index = sch&query = /notice/20020422.txt]。

7　文科省「道徳教育推進状況調査結果」[http://www.mext.go.jp/component/a_menu/education/detail/__icsFiles/afieldfile/2012/12/16/1282847_2.pdf]。

8　古市憲寿『だから日本はズレている』（新潮社、二〇一四年）の表現。

9　『心のノート』と『私たちの道徳』のいずれも、文科省のウェブサイトで全文が公開されている [http://www.mext.go.jp/a_menu/shotou/doutoku/index.htm]。

10　書きかえについては、前掲（第1章注25）の論文で三宅晶子が指摘し、その問題点を詳論している。

11　本文中に引用したもの以外では、三宅晶子『「心のノート」を考える』（岩波書店、二〇〇三年）、高橋哲哉『「心」と戦争』（晶文社、二〇〇三年）など。

12　すべてのアニメ番組を検証したわけではないので、ただの私の印象である。

13　「心の傷」や「トラウマ」という言葉は、一九九五年の阪神淡路大震災後、「ＰＴＳＤ（心的外傷後ストレス症候群）」という精神医学上の概念（病名）が通俗化することで普及した。ＰＴＳＤは、死にそうになるほどの経験後に発症する病気だが、学生たちが「心が傷ついた」というのは、単に「不愉快」という程度の意味らしい。どうも、自分が悪くて注意されたときでさえ、こちらの言い方がきつかったりしたことに不愉快を感じると、「心が傷ついた」ということになるようだ。

第4章

1　Puping Liang et al., “CRISPR/Cas9-mediated gene editing in human tripronuclear zygotes”, *Protein and cell,* 2015, Vol.6, 363-372.

2　J・S・ミル『自由論』（塩尻公明他訳、岩波文庫、一九七一年）。

3　感情についての科学的な研究は、あまり進んでいない。近代哲学における議論から認知科学研究までの概観として、拙著『認知哲学』の第Ⅲ部「決定論と自由意志」を参照されたい。

4　現代の経済学でも、同様に考える。しかし、「自己利益の最大化」以外の人間心理の特徴が経済に与える影響を研究する「行動経済学」という分野があり、その第一人者のダニエル・カーネマンが二〇〇二年の「アルフレッド・ノーベル記念経済学スウェーデン国立銀行賞」（俗に言う「ノーベル経済学賞」）を受賞したことから注目が集まっているが、はっきり言えば傍流の位置に留まっている。

5　レベッカ・ソルニット『災害ユートピア　なぜそのとき特別な共同体が立ち上がるのか』（高月園子訳、亜紀書房、二〇一〇年）を参照。

6　ここでは環境倫理学について検討することはできないが、環境倫理学こそ、功利主義から脱却して、コンパッションを基礎としたものに作り変えられるべきではないかと考えている。

7　もっとも有名でもっとも影響を与えたのは、いわゆる「タスキギー事件」である。アラバマ州の、梅毒が蔓延している貧しい黒人集落において、アメリカ公衆衛生局が一九三二年から七二年までの四〇年間にわたり、未治療の梅毒がどういう経過をたどるか観察し続けた。その間に、治療薬のペニシリンが開発されたにもかかわらず、やはり治療は行わず、患者に彼らが感染しているのは梅毒だと教えもせずに、経過観察を続けたという事件である。この実験が広く市民に知れわたったことが、生命倫理学的な観点による人体実験の規制につながる。生命倫理学の成立については、香川知晶『生命倫理の成立　人体実験・臓器移植・治療停止』（勁草書房、二〇〇〇年）を参照。

8　環境倫理学では、人間でなく自然物（動植物や大地など）に対する正しいふるまいを考えるが、ここでは検討しない。

9　平成二六年（オ）第一〇二三号、平成二七年一二月一六日大法廷判決 [http://www.courts.go.jp/app/files/hanrei_jp/546/085546_hanrei.pdf]。
ただし、同判決は、夫婦別姓制度を「合理性がないと断ずるものではない」とし、「この種の制度の在り方は、国会で論ぜられ、判断されるべき事柄にほかならない」と述べている。

10 少年犯罪については、『戦前の少年犯罪』（築地書館、二〇〇七年）の著者である管賀江留郎が、警察庁などの統計データをもとにグラフや表を作成して公開している（「少年犯罪データベース」[http://kangaeru.s59.xrea.com/G-Satujin.htm]）。それによると、たとえば殺人容疑の少年の検挙人数は、一九五一年と六一年にピークがあり、いずれも四四八人であるのに対し、二〇〇六年には七三人である。

交通事故死者については、一九九二年以来、一貫して減少している。二〇一四年は四一一三人で、九二年の半分以下である（出典：警察庁「平成二七年版　警察白書」[https://www.npa.go.jp/hakusyo/h27/index.html]）。

11 ハンナ・アーレント『イェルサレムのアイヒマン』（大久保和郎訳、みすず書房、一九六九年）。

12 スタンレー・ミルグラム『服従の心理』（岸田秀訳、河出書房新社、一九八〇年）。

13 フィリップ・ジンバルドー『ルシファー・エフェクト　ふつうの人が悪魔に変わるとき』（鬼澤忍訳、海と月社、二〇一五年）。

14 フランシス・ベーコン「ノヴム・オルガヌム」（服部英次郎訳『世界の大思想6　ベーコン』所収、河出書房新社、一九六六年）。

15 各国における女性の社会進出状況について調査した世界経済フォーラムの「Global gender gap report (2015)」によると、調査対象国一四五か国のうち、日本は一〇一位で、先進国中では最低水準である。ランキングのURLは、[http://reports.weforum.org/global-gender-gap-report-2015/rankings/]。

16 朝日新聞「石原環境相『最後は金目でしょ』　中間貯蔵施設めぐり」（二〇一四年六月一七日）。

17 詳しくは、前掲（第2章注14）のスティグリッツ『世界を不幸にしたグローバリズムの正体』やハーヴェイ『新自由主義』などを参照。

18 二〇〇一年一〇月一一日の男女共同参画会議基本問題専門調査会「中間まとめ」によると、「諸外国の法制を見ると、近年選択的夫婦別氏制度の導入が進んできており、今日では主要な先進諸国において、夫婦同氏を強制する国は見られない」という[http://www.gender.go.jp/kaigi/senmon/kihon/yousi/pdf/bessi-chukan.pdf]。

19 言うまでもなく、相関関係と因果関係は異なるので、相関関係があると分かったら、次はそれが因果関係なのかどうかを検証しなくてはならない。

20 安保法案に関して言うと、遠方の戦地で自衛隊員が戦闘に巻きこまれて死亡するリスクはかなり高まるものと思われる。これまでの自衛隊海外派遣で、攻撃を受けて死亡した人が一人も出ていないのは、ほとんど奇跡と言ってもよい。今後、「駆けつけ警護」や米軍の後方支援を担うとすると、場合によっては相当多数の戦死者が出る可能性がある。

この点は、国会でも野党から再三の質問が出たのだが、議論は「対話」ではなく、まさしく「二人の間の独り言」であった。「自衛隊員のリスクが増大するのではないか」。「安保法案が必要なのは、我が国を取り巻く安保環境が激変しているからだ」といった具合である（この例は、二〇一五年七月一六日の衆議院本会議が念頭にある。議事録の本文は、国会会議録検索システムを確認されたい）。

21 こうした応対が論外であることは、この節の最初で述べたとおりである。

デカルトは「自分が存在しているという事実は疑えない」と主張し、ライプニッツは「予定調和説」を唱えて、「機会原因説」を唱えるマルブランシュを批判した、という話をしたのである。

22 困った挙句、指導用の書物を一冊書くことになった。『コピペと言われないレポートの書き方教室 3つのステップ』（新曜社、二〇一三年）。詳しくはそちらに書いておいたので、大学生以外の方にもご一読いただければ幸いである。

23 動物の体細胞に、弱い酸性の液に浸すなどの簡単な処理をすると、さまざまな細胞に分化可能な幹細胞になった、と称する論文。

Obokata, H.; Wakayama, T.; Sasai, Y.; Kojima, K.; Vacanti, M. P.; Niwa, H.; Yamato, M.; Vacanti, C. A. “Retraction:Stimulus-triggered fate conversion of somatic cells into pluripotency”. *Nature* 505: 641-647, 2014.

Obokata, H.; Sasai, Y.; Niwa, H.; Kadota, M.; Andrabi, M.; Takata, N.; Tokoro, M.; Terashita, Y.; Yonemura, S.; Vacanti, C. A.; Wakayama, T. “Retraction:Bidirectional developmental potential in reprogrammed cells with acquired pluripotency”. *Nature* 505: 676-680, 2014.

発表当初は「世紀の大発見」とされたが、その後さまざまな疑惑が指摘され、検証の結果、この研究が誤りであることが明らかになった。

24　日本語で科学技術研究ができることの利点を説いた書物として、松尾義之『日本語の科学が世界を変える』(筑摩選書、二〇一五年)を参照。ただし、松尾は、日本語の特性が科学研究に向いていると主張したいようだが、私は、むしろ母語で研究ができることのアドバンテージが日本の科学研究の高い水準を支えていると考える。

25　公益社団法人全国出版協会・出版科学研究所「日本の出版統計」[http://www.ajpea.or.jp/statistics/]によると、出版市場は一九九六年がピークで、それ以来、低落が続いている。一九九六年にはおよそ一兆一千億円だった書籍の販売額は、二〇一三年には八千億円を割っている。

26　施光恒『英語化は愚民化　日本の国力が地に落ちる』(集英社、二〇一五年)は、昨今の政府の英語推進政策(英語教育や「英語公用語特区構想」など)が、日本語で学問的思考ができる強みを掘り崩すと主張している。私は、「国力が地に落ちる」は、先に述べた「破局的事態を言い立てるレトリック」で、おそらくは破局に陥る前に政府の英語推進政策は大した効果を上げられず失敗に終わるだろうと予想しているが、こうした政策が進められている間、一般市民の日本語の運用能力(とくに読み書きの能力)は多少低下し、その結果、思考力が多少低下するだろうとは考えている。

27　ジャック・デリダ『声と現象　フッサール現象学における記号の問題への序論』(高橋允昭訳、理想社、一九七〇年)。

28　先ほど、自分のことを「日本語話者」と言ったが、日本語話者であればこうした言い方に違和感を持たれるのではないか。日本語は「話す」ことよりも「読み書き」のほうが思考の手段として重要な言語だからである。とはいえ、「日本語使用者」はぎこちないし、日本語を使っているのは「日本人」とは限らないので、こういう言い方をしている。

29　残念ながら、「日本以外の国においては」という限定を付けなければならない。第4章の注15で見たとおり、日本は女性の社会進出が非常に遅れた国である。

30　それゆえ、具体的にどのような行動が「逸脱」であるかという認識や、逸脱した人の扱い方は、時代や社会によって異なりうる。ピーター・コンラッド他『逸脱と医療化　悪から病いへ』（進藤雄三他訳、ミネルヴァ書房、二〇〇三年）を参照。

31

「そうした価値観を共有していない人たち、たとえば自称「イスラム国」やアルカイダといった人たちに対しては、どうするんだ」と言われれば、とりあえず暴力を行使するのは何とかしてやめてもらった後で、人間の本性にさかのぼって、共有可能なものを作っていく作業をしていくしかないだろう。先に『『正義の暴力』が対立を深化させる』（205頁）の段で述べたとおりである。

32

これが「人類普遍的」な性質なのか、それとも西洋思想の特質だったものが、世界的に普及したものなのかは、検討すべき課題である。私は西洋思想の研究者なので、西洋思想についてしか詳しくは分からないが、自然科学に典型的に見られるように、諸現象を「普遍的な原理」に還元して説明したいというのが、プラトン以来の西洋思想に強固に見られる特徴であることは、間違いない。

33

恥ずかしながら、最近ようやく気づいたのだが、「自主性」や「自律性」は、政府の目標を実現する手段を考案する場合にのみ許容されると解釈すると、目標と手段が整合的である。しかし、国立大学が独立行政法人化されたときに掲げられた目標が、まさかそういう意味だとは、当時の国立大学の教職員は、おそらく誰も理解していなかったことだろう。具体的な作業を実行する現場が、目標を共有していなければ、目標は実現されるはずがない。それに、「だまし討ち」のような仕方で政策を実行すると、そのときはよくても、それがバレたときに現場は反発するから、長期的に考えれば得策ではないだろう。

34

「他人に対してふるまうときの正しいやり方」のことを、これまで「倫理」と呼んできたが、現在の教育現場では「道徳」という用語が使われている。これらは、それぞれ、英語でエシックスethicsとモラルmoralに対応する訳語である。この二つの言葉は、それぞれギリシア語のエートスとラテン語のモースに由来するが、両方とも、「習慣」といった意味である。つまり、語源的には意味の違いはそれほどない（現代英語の用法としては違いがあるが）。日本語で「倫理」というと「社会的な規範」、「道徳」というと「個人の内面的な良さ」といったニュアンスがあるが、「良さ」は個人的なものであると同時に社会的なものでもある（「正しさは人それぞれ」ではありえない）。それゆえ、私はここで、倫理と道徳を区別せずに使っている。

35 文科省「高等学校等における政治的教養の教育と高等学校等の生徒による政治的活動等について（通知）」（二〇一五年一〇月二九日）[http://www.mext.go.jp/b_menu/hakusho/nc/1363082.htm]。

36 毎日新聞「授業を問題視　高校での模擬投票　山口県教育長、自民県議質問に『配慮不足』」（二〇一五年七月四日）。教育長自身の発言は、「配布した資料が新聞2紙では少ない。全体像が完全でない資料を使い、かつ時間も十分でない形で投票させた。高校生に賛否を問うこと自体、私自身は微妙だ」。

37 毎日新聞「高校生政治活動へ文科省がQ&A集　校内禁止『不当でない』」（二〇一六年一月三一日）。

山口裕之（やまぐち　ひろゆき）
1970年奈良県生まれ。徳島大学総合科学部准教授。
1999年東京大学大学院哲学専門分野博士課程単位取得退学。
2002年文学博士。著書に『コンディヤックの思想』、『人間科学の哲学　自由と創造性はどこへいくのか』（以上、勁草書房）、『ひとは生命をどのように理解してきたか』（講談社）、『認知哲学　心と脳のエピステモロジー』、『コピペと言われないレポートの書き方教室』（以上、新曜社）など。

人《ひと》をつなぐ
対話《たいわ》の技術《ぎじゅつ》

2016年4月1日　初版発行

著　者　山口裕之

発行者　吉田啓二

発行所　株式会社 日本実業出版社　東京都文京区本郷3－2－12 〒113-0033
大阪市北区西天満6－8－1 〒530-0047
編集部 ☎03-3814-5651
営業部 ☎03-3814-5161　振　替　00170－1－25349
http://www.njg.co.jp/

印刷／厚徳社　製本／若林製本

この本の内容についてのお問合せは、書面かFAX（03－3818－2723）にてお願い致します。
落丁・乱丁本は、送料小社負担にて、お取り替え致します。

ISBN 978-4-534-05377-0　Printed in JAPAN